海洋水动力工程研究论丛

Under the Action of Long-Period Wave
Construction of Sloping Breakwater
Research and Application of Key Technologies

长周期波作用下斜坡式防波堤建造关键技术研究与应用

陈松贵　陈汉宝　戈龙仔　刘海成　著

人民交通出版社股份有限公司
北　京

内 容 提 要

本书针对一带一路港口建设的需求，总结了沿线长周期波作用下斜坡式防波堤建造的关键技术。系统梳理了防波堤施工过程中堤心抛填、堤头临时防护和水上施工等重点工序中的难点和解决方法，并通过两个实际项目，验证了上述技术的可行性和经济性。相应技术成果可有效地降低工程造价、确保项目实施质量、缩短项建设工期，提高了中国建港企业的在恶劣水文条件下技术服务及项目管理水平。

本书适合从事波浪与防护建筑物相互作用下工程研究的科研人员和港口、海岸及近岸工程专业高校学生学习。

图书在版编目(CIP)数据

长周期波作用下斜坡式防波堤建造关键技术研究与应用/陈松贵等著. —北京：人民交通出版社股份有限公司，2021.12

ISBN 978-7-114-14632-9

Ⅰ.①长… Ⅱ.①陈… Ⅲ.①港口—斜坡式防波堤—工程施工 Ⅳ.①U656.2

中国版本图书馆 CIP 数据核字(2019)第 019770 号

书　　名：长周期波作用下斜坡式防波堤建造关键技术研究与应用
著 作 者：陈松贵　陈汉宝　戈龙仔　刘海成
责任编辑：崔　建
责任校对：刘　芹
责任印制：张　凯
出版发行：人民交通出版社股份有限公司
地　　址：(100011)北京市朝阳区安定门外外馆斜街 3 号
网　　址：http://www.ccpcl.com.cn
销售电话：(010)59757973
总 经 销：人民交通出版社股份有限公司发行部
经　　销：各地新华书店
印　　刷：北京交通印务有限公司
开　　本：720 × 960　1/16
印　　张：8.75
字　　数：161 千
版　　次：2021 年 12 月　第 1 版
印　　次：2021 年 12 月　第 1 次印刷
书　　号：ISBN 978-7-114-14632-9
定　　价：42.00 元

前　言

“一带一路”倡议的深化和推进为我国水运工程建设企业带来了难得的发展机遇。“21 世纪海上丝绸之路”所经地区，尤其是印度洋北部和非洲东海岸等地区，常年受到长周期涌浪的影响，波浪条件十分恶劣，泥沙运动复杂，传统的水运工程施工方法或工程措施不再适用，很多新的技术难题亟须研究和解决。

长周期波作用下斜坡式防波堤建造关键技术研究是综合产学研用的集成创新，集现场水文观测、波浪基础研究模型试验、施工组织管理和工程应用于一体，得到印度洋的长周期强浪特征，总结出一套适应于长周期波浪条件下防波堤的施工技术。研究成果直接应用于实际工程，为具体项目服务起到了良好的指导工程施工、节约工程投资和节省工期的作用，具有重要的学术价值和工程应用价值。更重要的是本成果能为类似工程提供经验和借鉴，为海外恶劣水文条件下建港工程奠定基础。主要研究内容包括如下方面：

(1)本项目系统收集了印度尼西亚爪哇岛南海岸气象资料，现场观测了多个工程的波浪和其他水文条件，同时采用数学模型和物理模型多种手段，分析得到了印度尼西亚爪哇岛南海岸长周期波浪特征和传播规律。结合施工期波浪变化特征，形成无波浪预报海域的波浪有效预测体系。

(2)本项目首次提出了一整套适用于印度洋长周期波浪条件下的防波堤建造关键技术。通过科研设计施工联合，创新实施了包括小开体驳与浮标定位联合施工的水上抛填技术、钢筋石笼与人工块体联合使用的防波堤堤头多频次临时防护技术。该技术体系完整、实用，能够方便地应用于其他长周期波浪条件下的防波堤建设之中。

(3)结合实际需求，本研究提出了半潜式小开体驳水上定位平台、气幕式堤头临时防护措施两项发明专利，完善了印度洋长周期波浪条件下的防波堤施工技术体系。

(4)本项目研究成果成功应用于 Adipala 和 Karang Tarajie 工程项目之中,节省投资8000 万元,避免了施工期间防波堤的大量破坏,加快了施工进度,产生了巨大的社会经济效益。

该项目的研究使得我国港口建设企业掌握了印度洋长周期波浪条件下防波堤建造关键技术,相应技术成果可有效地降低工程造价、确保项目实施质量、缩短项目建设工期,提高了中国建港企业的在恶劣水文条件下技术服务及项目管理水平。长周期波浪条件下防波堤施工技术是适应于特殊环境的一整套防波堤建设技术,涉及科研、设计和施工等多方面。该技术实用、可行、经济,适用性强,产生的技术和研究成果不仅可应用于印度尼西亚爪哇岛南海岸港口工程建设,还可应用于斯里兰卡、非洲东海岸等一大批“21 世纪海上丝绸之路”途经地区的港口防波堤建设,可直接指导工程的设计和施工,节约工程投资,提高工程质量,进而显著增强我国在共建“21 世纪海上丝绸之路”进程中在基础设施建设方面的国际竞争力,具有广阔的推广应用前景。

目　　录

第1章 绪　论

1.1 研究背景

“一带一路”倡议的深化和推进为我国水运工程施工建设企业带来了难得的发展机遇。一方面，“21 世纪海上丝绸之路”的沿线国家大多是发展中国家，有着强烈的发展愿望和内在的发展动力。而中国企业在水运工程建设方面积累了大量的人力、技术和机械设备等方面的优势，有利于我国水运工程建设施工企业在国际竞争中实现快速发展。另一方面，“21 世纪海上丝绸之路”所经地区尤其是印度洋北部和非洲东海岸等地区，常年受到长周期涌浪的影响，波浪条件十分恶劣，泥沙运动复杂，传统的水运工程施工方法或工程措施不再适用，很多新的技术难题亟须研究和解决。

印度尼西亚（以下简称“印尼”）是中国与东盟最大的贸易伙伴，作为“一带一路”的重要节点，也是中国海外港口项目的主要所在地。而印尼政府为打造海洋强国，计划 2015—2019 年间投资 699 万亿印尼盾（约合 574 亿美元）实施“海上高速公路”建设规划，在全国兴建 24 个国际性商业港口和新建 1481 个非商业性港口。交通运输部天津水运工程科学研究所与中国交通建设集团有限公司下属各单位在印尼先后承建 Cilacap 一期电厂海工防波堤修复工程（中国港湾总承包、一航院设计、四航局施工）、Adipala 电厂海工防波堤工程（中国港湾总承包、二航院设计、四航局施工）、Gama 港口工程 EPC 项目（中国港湾总承包、四航局实施、二航院设计）等项目。针对印尼广阔的港口工程市场，我国水运工程建设企业将承担更多的防波堤施工项目。本书的研究项目能够为后续拟建项目形成强有力的技术支撑与指导，相应技术成果可有效地降低工程造价、确保项目实施质量、缩短项目建设工期，提高我国水运工程建设企业在此区域的核心竞争力，确保我国在长周期波浪条件下工程建设的技术领先和主导优势。

1.2 研究现状

1.2.1 长周期涌浪特性研究

以长周期波浪为主的开敞海域，例如印尼爪哇岛临印度洋海域，破波带较宽广、近岸潮差小、水流动力弱，常年以波浪作用为主，涌浪控制的特征显著。长周期涌浪往往与工程海域的风浪叠加，形成以涌浪为主的混合浪，这使得波浪谱型一般为双峰谱。人们对风浪的不同成长阶段有详细的研究，但是目前对长周期涌浪的特性缺乏系统的研究。本次研究将借助印尼多个项目的实测资料对长周期涌浪的特性进行研究分析。

1.2.2 长周期涌浪作用下防波堤稳定性研究

防波堤是沿海港口的重要人工防护工程，承担削减波浪冲击、维护港内建筑物稳定、保证港内水域泊稳条件等主要任务，还起到控制港内淤积和岸线侵蚀等作用。国内外研究者均对防波堤稳定性和消波特性进行过大量研究，但是对于长周期波浪对防波堤和块体的稳定性的影响，国内研究很少。法国中央水力实验室的迈松-阿尔福研究了波浪周期对防波堤稳定性的影响。研究表明，周期超过 10s 的波浪对防波堤稳定性的影响最大，但是也并非周期越长对防波堤的影响越大，当周期超过一定数值时，长周期波浪对防波堤稳定的影响将会减小。

在对 Karang Taraje 防波堤工程进行模型试验研究的过程中发现，二维模型试验和三维模型试验防波堤断面的稳定性差异很大，而在已有研究成果中，很少有内容涉及不同模型状态下稳定性差异。此问题有研究的必要性，以指导防波堤稳定性设计准则，以防设计状态为过度安全而造成资源浪费或不够安全而没有达到设计目的。

1.2.3 长周期波浪条件下防波堤建设施工关键技术研究

一般情况下，防波堤的施工工艺和技术已经相当成熟，但是在印度洋沿岸的长周期大浪作用下进行防波堤施工和建港有其特殊性，鉴于防波堤受印度洋常年长周期强浪影响的特性，施工工艺的选择与优化成为制约防波堤施工的技术难题，防波堤施工从根源上分为陆上和水上施工，结合风浪水文条件选择适宜的施工方式至关重要。

根据已有项目施工经验，防波堤施工期面临多次临时防护难题，每次有效防护带来的都是进度和费用损失。如何在降低费用的前提下做到及时有效的防护成为一大难题。本项目研究除常规堤头防护模式外，拟开展长周期涌浪作用下气幕式堤头防护措施的试验研究，以形成经济可行的堤头临时防护有效模式。同时，根据长周期涌浪特性和各船舶性能研究，形成此环境条件下水上和陆上有效作业模式。水上作业通过小型开体驳进行抛填和组织，以最大限度减少陆上施工强度，陆上则通过集中资源进行作业，以在最短时间内获得最大陆上推进里程的方法，减少防护次数降低施工成本；同时，为更好地确保水上施工质量，在现有施工经验和施工措施的基础上，将拓展进行开发长周期涌浪作用下小型开体驳船辅助定位系统，解决该环境下现有小型开体驳水上抛填无法精准定位的难题，以实现水下施工的精细化。

1.3 研究内容和目标

本项目研究具有重要的学术价值和工程应用价值，集基础理论研究、模型试验研究、施工组织管理和工程应用于一体，不仅总结出了一套适应于长周期波浪条件下防波堤的建设技术，而且将技术成果直接应用于实际工程，为具体项目服务起到了良好的指导工程施工的作用，达到了节约施工投资的目标。更重要的是为类似工程提供经验和借鉴，为海外工程恶劣条件建港奠定基础。该项目的主要研究内容如下：

(1)防波堤施工过程中堤心结构稳定特性研究。

设计在获取施工现场中长周期波的观测资料的基础上，分析波浪周期对防波堤堤心结构稳定性的影响；施工过程中，在堤心推进情况下，研究中长周期波浪作用下扭王字块、护底块体的流失规律、失稳特性，形成中长周期波浪作用下防波堤堤心成型施工技术。

(2)施工期临时堤头防护模式关键技术。

搜集施工期堤头在中长周期波浪袭击下损坏的相关实际资料，分析在石笼、人工块体进行堤头防护实践的基础上，进一步研究堤头防护体系，为防波堤堤头防护提供依据。

(3)防波堤水上抛填关键技术。

针对大型水上施工船机对此环境不适应的问题，研究小型开体驳在此环境下的作业体系，提炼分析小型开体驳有效作业模式，在浮标定位系统满足水下抛石粗控的基础上，研发小型开体驳半潜式辅助平台定位系统，提升小型开体驳水下抛石精控，形成常年中长周期波浪环境下防波堤水上施工关键技术。

1.4 技术路线

（1）通过收集印尼面临印度洋项目的波浪、水文资料，分析印度洋长周期涌浪的特性，例如频谱特性、波高周期联合分布、波浪传播规律等，为长周期涌浪条件下防波堤建造技术研究奠定基础。

（2）根据收集的波浪资料，结合 Karang Taraje 工程实际，采用数值模拟方法，分析不同工程阶段的波浪对防波堤的作用效果，以指导在建工程施工与控制。

（3）通过研究自平衡结构、锚泊系统、船舶设计等相关资料，设计半潜式浮箱定位系统，试验研究下潜深度、浮箱尺寸对定位系统稳定性的影响，以开发长周期涌浪作用下小型驳船辅助定位系统。

（4）通过结合 Karang Taraje 项目现场施工实践，并对印尼已完工或其他在建并面临长周期涌浪环境的防波堤建设项目资料进行研究，制定类似条件下防波堤建设施工指南，为类似工程项目提供借鉴和参考。

技术路线如图 1-1 所示。

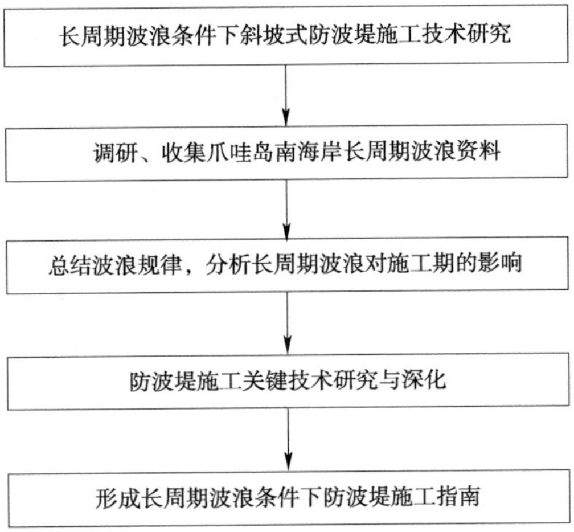

图 1-1 技术路线图

第 2 章　防波堤施工过程中堤心结构稳定特性研究

2.1　印度洋长周期波浪特征分析

印度洋海域广阔,约占世界海洋总面积的 20%,跨越了南半球的所有风带,而在印度洋上很少有大面积的岛屿,因此,其波浪成长充分。与国内沿海地区的风浪不同,环印度洋地区常年处于大波高、长周期的强浪条件作用下。我国《防波堤设计与施工规范》(JTS 154-1—2011)中规定:“设计波浪平均周期大于 10s 或设计波高与设计波长之比小于 1/30 的坦波作用下,护面块体重量应通过模型试验验证。”也就是说,周期 10s 以上的波浪需要进行专门的研究。国内沿海波浪平均周期一般在 10s 以下,而印尼印度洋沿岸波浪周期一般大于 10s。这种特殊的波浪水文条件对传统的防波堤施工技术提出了新的挑战。本书基于现场实测资料和模型推算结果,系统研究了印尼临印度洋海域的气候、波浪、潮流等水文条件和泥沙特征,为该地区工程的设计和施工提供了基础性依据。

2.1.1　波浪动力条件

图 2-1 展示了几个已建(A-印尼 Pacitan 电厂防波堤工程、C-印尼 Cilacap 电厂一期防波堤修复工程),在建[B-印尼 Adipala 电厂海工防波堤工程、D-印尼 KarangTaraje(Gama)港口防波堤工程]及拟建(C-Cilacap 电厂二期防波堤扩建工程)工程的地理位置。选取了 Adipala、Pacitan 和 Gama 三个典型的区域,对印尼印度洋沿岸的波浪特征进行分析。根据三个地区的工程实测资料,波高超过 1.3m 和 2.0m 的波浪出现频率如图 2-2 所示。

除了波高,印尼印度洋沿岸的波浪表现出明显的涌浪特征。季风期外海涌浪与风成浪相互叠加,非季风期波浪主要表现为外海环境变化所引起的长周期涌浪。从 Adipala 的实测资料可知,涌浪的周期一般大于 10s,平均周期大于 13s,最大周期达 21s。如表 2-1 所示波高与周期之间没有明显的相关性。波浪集中在 SSW、S 和

SSE 方向,呈现一定的季节特征。如表 2-1 所示。

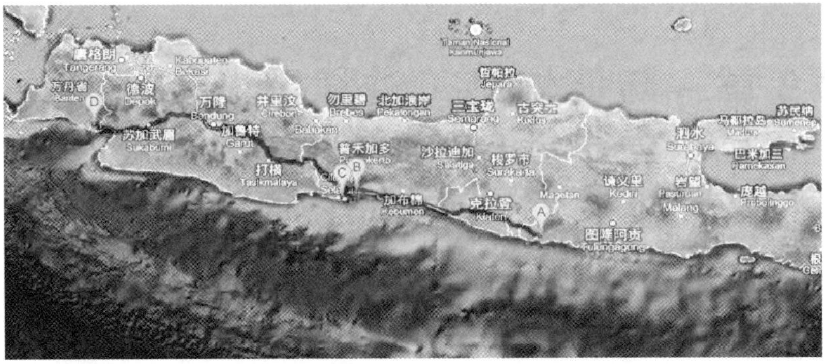

图 2-1　印尼印度洋沿岸三个典型区域地理位置

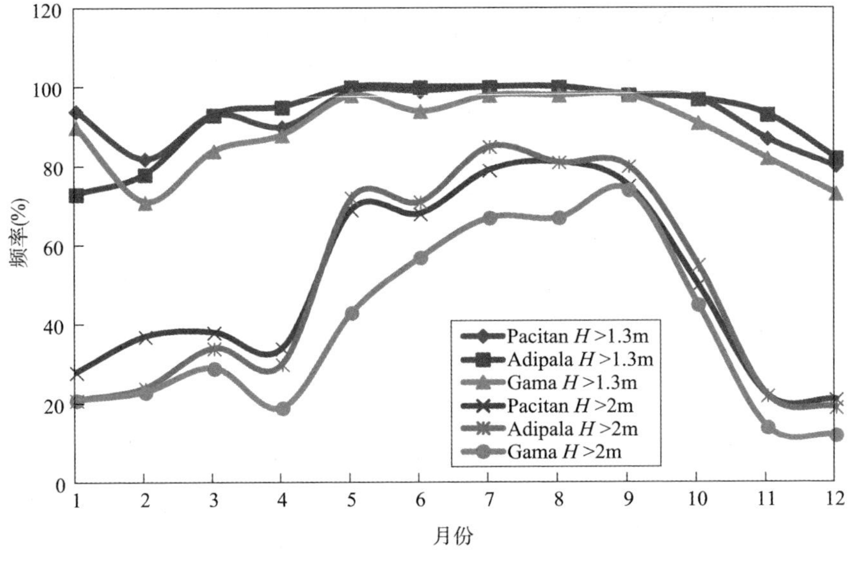

图 2-2　三个区域波高超过 1.3m 和 2.0m 的波浪出现频率

Adipala 工程 2012 年 4 月—2013 年 3 月观测站点数据　　表 2-1

波浪特征	2012 年									2013 年		
	4 月	5 月	6 月	7 月	8 月	9 月	10 月	11 月	12 月	1 月	2 月	3 月
最大周期(s)	20	19	18	20	20	19	18	19	17	18	17	17

续上表

波浪特征	2012年									2013年		
	4月	5月	6月	7月	8月	9月	10月	11月	12月	1月	2月	3月
最大波高(m)	3.5	2.4	2.2	2.5	3	3	2.2	2.2	2.3	2.5	3.5	2.5
平均周期(s)	14.2	13.2	15	15.3	14.7	14.5	14.1	13.5	13.3	12.6	13.1	13.1

印尼印度洋沿岸出现长周期大波高波浪的主要原因是其面对的印度洋海域广阔,跨越了南半球的所有风带,又因为印尼与西南方向的大洋洲之间的海域在大风的作用下,波浪能够充分成长为大浪,而向南几十公里外几千米的水深令波浪的传播衰减很小,因此爪哇岛南海岸几乎始终处于大浪的作用之下。除此之外,这种大浪在到达印尼印度洋沿岸之前,会经过几千公里的距离。一方面,由于弥散和角散的作用,低频的长波部分逐渐剥离出来;另一方面,长距离的传播会使得高频的短波部分在内摩擦作用下不断消耗,最终表现为波浪周期变长的现象。某次大浪时波高递减的典型分布如图2-3所示,可见涌浪散布于风浪较大的水域,主要处于印度洋的中心地带,在离开风区后涌浪表现为波高递减而周期变大的形态,在达到近岸时表现为长周期的涌浪。

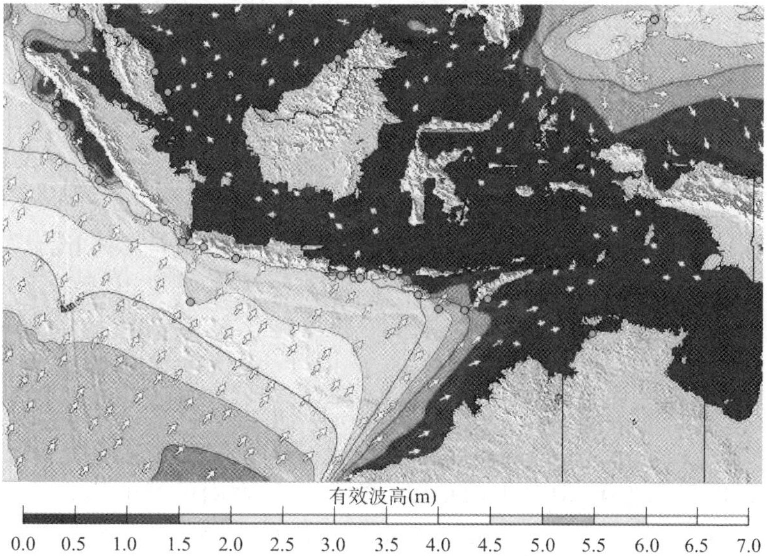

图2-3　波高递减典型分布图

以印尼 Adipala 工程为例,工程所在地附近波浪观测站点 Batu Hiu 2006—2011 年波浪强度及频率资料见表 2-2。

波浪强度及出现频次 表 2-2

浪高(m)	月各波浪波高出现天数百分比(%)											
	1	2	3	4	5	6	7	8	9	10	11	12
<0.5	9	9	4	0	0	0	0	0	0	0	1	6
1.3~2.0	57	54	59	66	28	28	16	19	18	41	71	63
0.5~1.3	3	13	3	5	0	0.1	0	0	1.2	3	5	13
2~3	31	24	34	29	72	71	81	78	77	56	22	19
>3	0.4	0	0	0	0	0.8	4	3	3	0	0	0
常浪向(外海)	SSW	SSW	SSW	SSW	SSW	SSW	SSW	SSW	SSW	SSW	SSW	SSW

由以上统计发现,印度洋环境下每月均会出现 2m 高以上大浪,且常浪向统一为 SSW 向,尤其以 5—9 月表现特别突出,出现 2~3m 波高波浪的天数达 70% 以上,1—4 月及 11—12 月出现 2~3m 波高波浪的天数仍维持在 20%~30% 的比例。这就意味着防波堤施工过程中每月均会遭受不同频次的大于 2m 波高的波浪冲击作用,对防波堤的连续施工造成极大的困难。

根据风浪统计并结合印尼 Adipala 防波堤施工实际情况,季风期期间及前后时间段(5—10 月)防波堤无法进行施工作业,需封堤保护堤头进行季风期防护,1—4 月及 11—12 月为防波堤的可作业时间,期间每月会遭受 1~3 次波高在 2.0~3.5m、周期在 10~20s 的强浪袭击,此施工期间需经常进行堤头防护及开堤复推施工。在此风浪环境条件下,大于 1.3m 波高的天数占比超过 75%,国内防波堤施工常用到的平板驳、大型开体驳、起重船都无法使用,施工的难度成倍增加。在此水文环境下如何有效进行防波堤施工推进成为防波堤施工关键所在。

根据现场实测波浪水文资料和欧洲中长期波浪卫星资料,各项目 50 年重现期设计波浪要素见表 2-3。外海波浪主导方向以 SSW 为主,波浪传播至近岸时受地形等因素影响有所变化,但基本保持以 S 向为主导方向的涌浪形态,50 年设计波浪周期在 13.83~18s,设计 $H_{13\%}$ 波高在 4.97~6.05m 范围,同时推测施工期波浪波高 $H_{13\%}$ 基本大于 3m。

印尼印度洋沿岸典型工程设计波要素(50 年重现期)　　表 2-3

项目位置	$H_{13\%}$	T_S	强浪向	施工期波浪 $H_{13\%}$	工程设计时间
Pacitan	5.70m	18s	S	2.2m(重现期 2 年)	2008 年 2 年
Adipala	6.05m	15.91s	SSE	3.44m(重现期 2 年)	2010 年 5 月
Cilacap	4.97m	13.83s	SSE	3.57m(重现期 5 年)	2010 年 11 月
Gama	5.82m	17.77	SSW	4.48m(重现期 1 年)	2014 年 4 月

2.1.2　潮流动力条件

根据四个典型区域潮流观测经计算分析,印度洋印度尼西亚海域的潮型为以半日潮为主的混合潮,Adipala 的典型潮位过程如图 2-4 所示。即每天有两个高潮位和两个低潮位,潮高和潮时存在明显的日潮不等现象。涨潮历时稍大于落潮历时。各工程设计水位高程见表 2-4。由表中数据可知,印度洋爪哇岛沿岸潮差高度在 1.7 ~2.04m 范围,每小时潮差 0.14 ~0.17m。

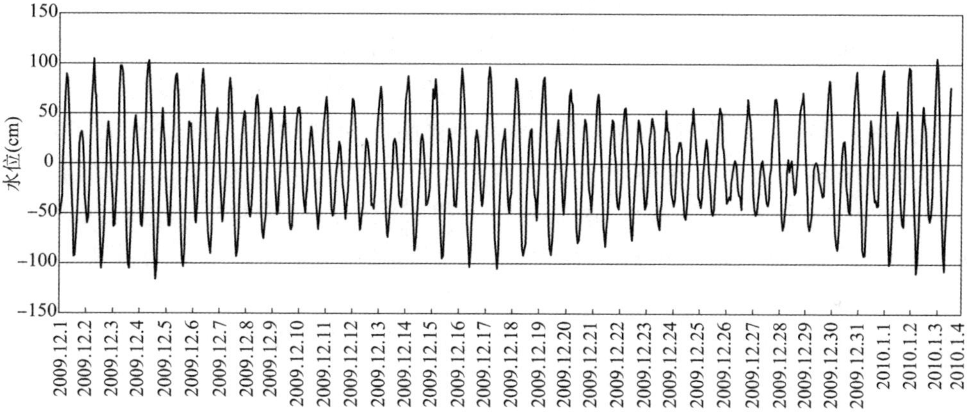

图 2-4　Adipala 工程 12 月典型潮位过程图

印尼印度洋沿岸设计水位(m)　　表 2-4

项目位置	极端低水位	极端高水位	设计低水位	设计高水位
Pacitan	-0.82	+3.46	+0.2	+1.92
Adipala	-1.31	+1.75	-0.83	+1.18
Cilacap	—	+2.97	+0.42	+2.46
Gama	—	+2.36	+0.15	+1.85

四个典型工程所在海域现场观测潮流流速如表 2-5 所示。由表中数据可知，印尼印度洋沿岸潮差流速在 0.04 ~0.36m/s，潮流动力较弱，仅潮流作用下的泥沙基本处于稳定状态，泥沙运动则主要由波浪引起。

印尼印度洋沿岸三个工程潮流流速统计　　表 2-5

项目位置	最大垂线平均流速(m/s)	最小垂线平均流速(m/s)	测点水深(m)
Pacitan	0.306	0.125	-18.0 ~ -12.0
Adipala	0.26	0.04	-15.0 ~ -3.0
Cilacap	0.36	0.17	-9.0 ~ -2.5
Gama	0.25	0.1	-16.3 ~ -4.1

2.2　施工期波浪监测与预报

在印尼印度洋沿岸的常年强浪环境下，长周期波浪的出现具有随机性，与潮汐无直接和相互关系，因此无法准确预测。工程海域的波浪周期的变化具有突变性，24h 内波浪周期可自 10s 增加到 20s，随之波高可以从 1m 突变到 3.5m，波浪周期和波高的增加代表着大波高、长周期、高能量的水流袭击防波堤，易造成防波堤的破坏与失稳。而由于工程所在区域往往处于不发达地区，当地未形成有效的波浪监测与预报系统。这需要对工程区域的波浪变化规律进行深入的研究，争取能够做到大浪的预报，为防波堤提前防护提供时间，减少防波堤的破坏损失。

通过现场监测发现，印尼印度洋沿岸的波浪变化具有如下的规律：通常在每月阴历初一、十五前后几天波浪变化会较平时剧烈，在这段时间前后几天出现强浪的概率较大；强浪来临前一般周期变化在前，波高变化在后，周期变化越大，则波浪变化越剧烈。工程所在区域虽缺少波浪的监测，但可在某些国际网站上搜索到工程区附近区域的相关波浪数据。因此，通过寻找某国际冲浪网站在工程海域附近区域进行的风浪周期与波浪监测数据（图 2-5），与现场施工海域风浪对比，建立了一套直观的工程海域波浪变化规律研究成果，结合对印度洋印尼沿岸的波浪变化规律认识，可以直接指导现场施工，及时做到波浪预测与预防。本方法应用于 Adipala、Gama 等防波堤施工时的波浪预测，在 1 年的施工时间中，大浪出现不可预测的情况小于或等于 2 次。实践表明，该方法适用于印度洋印尼沿岸的波浪预测，能够有效地减少防波堤的破坏，降低了工程损失。

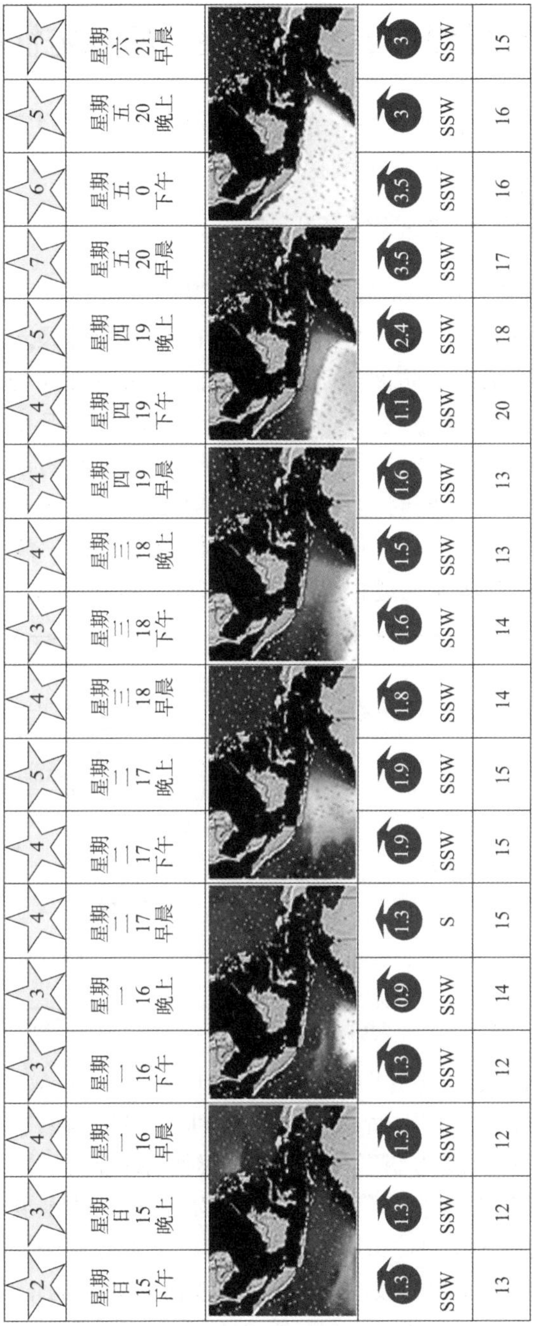

图2-5　某次大浪来临时波浪周期及波高变化图

2.3 防波堤堤心石及护面块石的稳定性研究

本次试验研究了堤心石、护面块石在不同波浪条件下的稳定性、流失率、极限波高,以及堤心石在不同波浪条件下的稳定高程。

2.3.1 堤心石稳定性试验研究

根据技术要求,试验研究重现期为1年295°方向波浪($H_s=5.0$m,$T_p=11.2$s)及水流($v=1.0$m/s)作用下,防波堤堤心石(0~1t)的稳定性及流失率。当入射波浪从295°方向由外海传播至主防波堤延长段时,波浪入射方向与防波堤轴线存在一定夹角。堤心石设计顶高程为-3m,堤心石所受波浪作用与潜堤所受波浪作用相似。为了研究堤心石在波浪作用下的稳定性、流失率以及防波堤断面随时间的变化过程,在试验过程中分不同时间段对防波堤堤心石断面进行测量。本次模型试验的时间比尺为7.07,模型中波浪作用25min相当于原型中波浪作用3h。波浪持续作用下防波堤断面形状变化过程见图2-6,试验现象见图2-7。

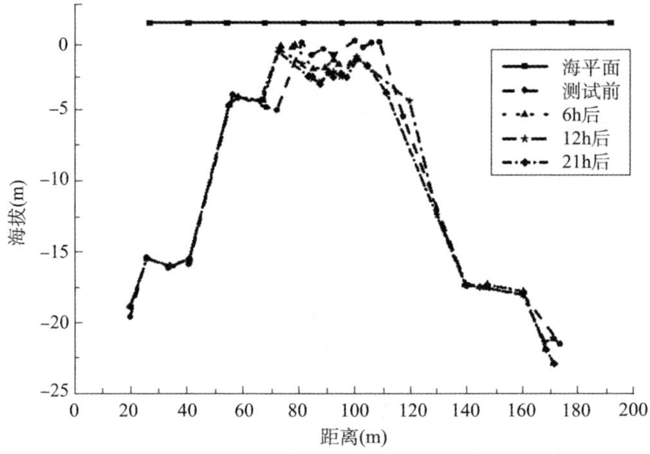

图2-6 0~1t堤心石流失及变化情况(重现期1年,295°方向波浪)

由试验结果图2-6可以看出,堤心石在重现期1年的波浪持续作用下,防波堤断面形状发生变化,开始阶段的变形较大、速度较快,随着断面形状与动力条件的相互适应,防波堤断面形状趋于稳定。断面形状发生变化的主要位置是迎浪面的坡肩处,波浪作用下的前3h(原体值,下文中除特别注明外均为原体值),坡肩处的大量堤心石被波浪推至背浪侧的坡面上;随着波浪作用时间的增加,更多的堤心石在波浪作用下堆积在背浪侧的坡面上,至第21h,防波堤断面趋于稳定。此时,迎浪面堤心石出现流失的最低的高程延伸至 -8.0m。整个防波堤断面上出现堤心石流失的面积为64.4m^2，占防波堤总面积1654.8m^{2}的3.9%，即防波堤堤心石在重现期为1年295°方向波浪(H_s = 5.0m，T_p = 11.2s)及水流(v = 1.0m/s)作用下，堤心石的流失率为3.9%。

图2-7　0～1t堤心石位移及摆动幅度试验现象(重现期1年，295°方向波浪)

2.3.2　第一层护面块石稳定性试验研究

根据技术要求，本次试验是研究重现期为1年、三个方向波浪(270°、295°和330°)及水流(v = 1.0m/s)作用下，防波堤第一层护面体(1～3t)的稳定性，并统计失稳率。图2-8～图2-10给出了三个方向波浪作用于1～3t护面块石时防波堤断面的变化过程。不同方向波浪作用后1～3t护面块体稳定性及失稳率试验现象见图2-11～图2-13。

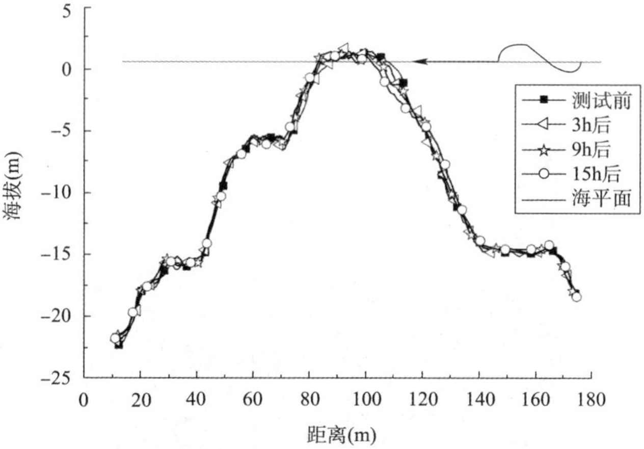

图2-8　1～3t块石护面时防波堤断面变化情况(重现期1年，270°方向波浪)

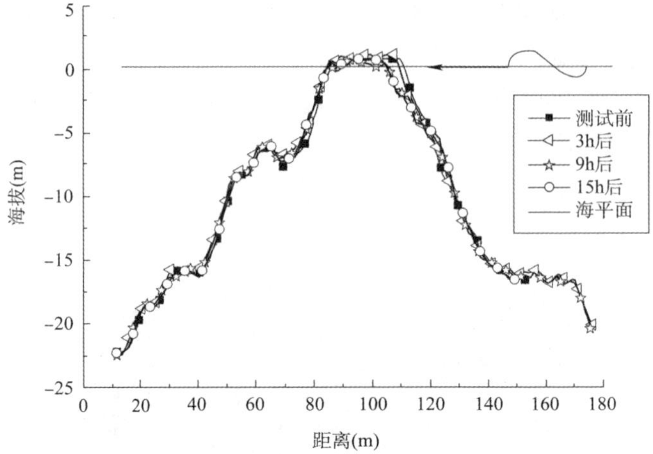

图 2-9　1 ~ 3t 块石护面时防波堤断面变化情况(重现期 1 年,295°方向波浪)

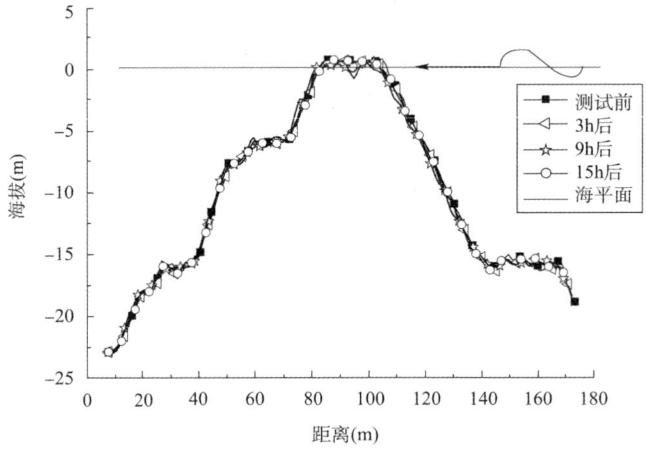

图 2-10　1 ~ 3t 块石护面时波堤断面变化情况(重现期 1 年,330°方向波浪)

图 2-11　1 ~ 3t 护面块石位稳定性试验现象(重现期 1 年,270°方向波浪)

图 2-12　1 ~ 3t 护面块石位稳定性试验现象(重现期 1 年,295°方向波浪)

图 2-13　护面块石位稳定性试验现象(重现期 1 年,330°方向波浪)

从试验结果看,270°方向波浪(H_s = 4.9m,T_p = 11.1s)作用时,首先出现移动的部位是在迎浪侧的坡肩处。在波浪作用下,随着 1 ~ 3t 护面块石的运动,迎浪侧的坡肩逐渐发生变形。一部分护面块石被波浪推至坡顶然后推到背浪侧,另外一部分护面块石被波浪从坡肩处淘刷下来,滚落到坡面上。最终形成与动力条件相适应的更缓的前坡。第一层护面块石在 270°方向重现期为 1 年波浪和水流作用下的运动和流失速度在开始阶段较快,随着时间的推移速率逐渐减小,15h 后断面趋于稳定。此时,出现流失的防波堤断面面积为 22.0m^2,占整个试验断面面积 1808.0m^2的 1.2%。在 270°方向波浪(H_s = 4.9m,T_p = 11.1s)作用时,1 ~ 3t 护面块石有流失现象,防波堤断面的块石流失率为 1.2%。

295°方向波浪(H_s = 5.0m,T_p = 11.2s)作用时,1 ~ 3t 护面块石的运动情况与 270°方向波浪作用下的块石运动情况相类似。即首先出现移动的部位是在迎浪侧的坡肩处;试验开始阶段断面形状变化较快,随着时间的推移速率变慢,最终形成与动力条件相适应的更缓的前坡。波浪连续作用 15h 后断面趋于稳定。此时,出现流失的防波堤断面面积为 22.98m^2,占整个试验断面面积 1804.4m^2的 1.3%。在 295°方向波浪(H_s = 5.0m,T_p = 11.2s)作用时,1 ~ 3t 护面块石有流失现象,防波堤断面的块石流失率为 1.3%。

330°方向波浪(H_s = 3.8m, T_p = 9.7s)作用时,波浪入射方向与防波堤轴线夹角较小,并且波浪动力相对较弱,块石流失率相对较小。波浪连续作用 15h 后断面趋于稳定。此时,出现流失的防波堤断面面积为 14.85m^2,占整个试验断面面积 1810.0m^2的 0.8%。在 330°方向波浪(H_s = 3.8m, T_p = 9.7s)作用时,1 ~ 3t 护面块石有流失现象,防波堤断面的块石流失率为 0.8%。

2.3.3 第二层护面块石稳定性试验研究

根据技术要求,本次试验是研究重现期为 10 年、三个方向波浪(270°、295°和 330°)及水流(v = 1.0m/s)作用下,防波堤第二层护面体(3 ~ 6t)的稳定性,并统计失稳率。图 2-14 ~ 图 2-16 给出了三个方向波浪作用于 3 ~ 6t 护面块石时防波堤断面的变化过程。不同方向波浪作用后 3 ~ 6t 护面块体稳定性及失稳率试验现象见图 2-17 ~ 图 2-19。

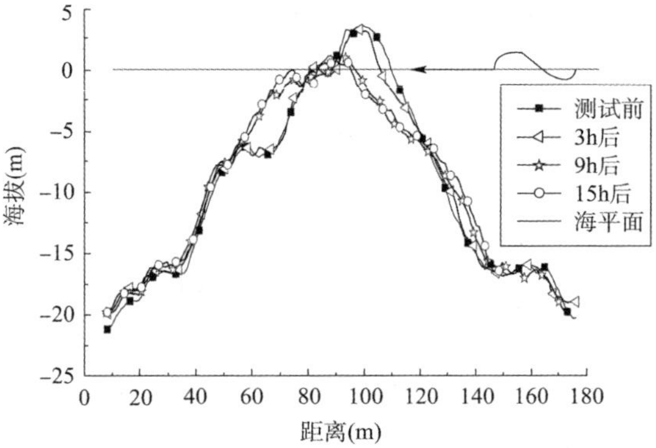

图 2-14　3 ~ 6t 块石护面时防波堤断面变化情况(重现期 10 年,270°方向波浪)

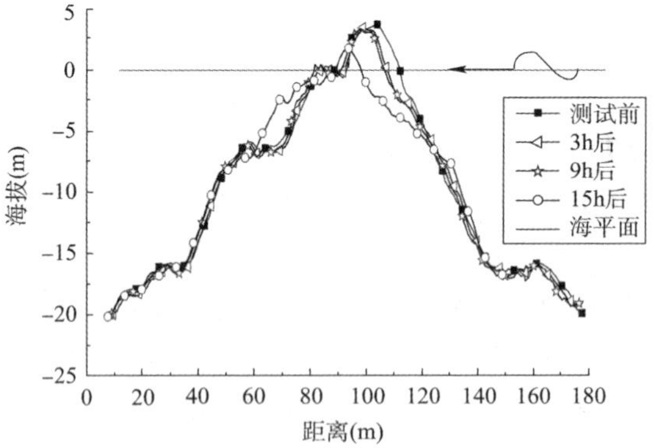

图 2-15　3 ~ 6t 块石护面时防波堤断面变化情况(重现期 10 年,295°方向波浪)

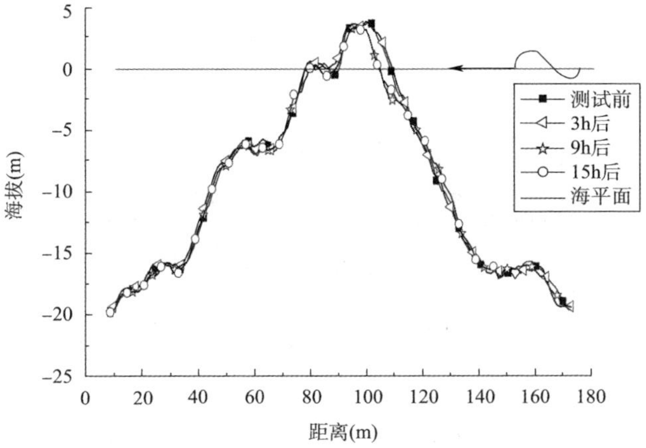

图2-16 3~6t块石护面时防波堤断面变化情况(重现期10年,330°方向波浪)

图2-17 3~6t护面块石位稳定性试验现象(重现期10年,270°方向波浪)

图2-18 3~6t护面块石位稳定性试验现象(重现期10年,295°方向波浪)

图 2-19　3 ~ 6t 护面块石位稳定性试验现象(重现期 10 年,330°方向波浪)

从试验结果看,270°方向波浪(H_s = 6.1m,T_p = 12.3s)作用时,第二层护面块石的顶高程为 3.4m,处于波浪力作用最强的范围内。第二层护面块石在波浪作用下,首先出现失稳的部位是在迎浪侧的坡肩处,随着 3 ~ 6t 护面块石的运动,迎浪侧的坡肩逐渐发生变形。一部分护面块石被波浪推至坡顶然后推到背浪侧,另外一部分护面块石被波浪从坡肩处淘刷下来,滚落到坡面上。最终形成与动力条件相适应的更缓的前坡。第一层护面块石在 270°方向重现期为 10 年波浪和水流作用下的运动和流失速度在开始阶段较快,随着时间的推移速率逐渐减小,15h 后断面趋于稳定。此时,出现流失的防波堤断面面积为 96.36m^2,占整个试验断面面积 1930.0m^2的 5.0%。在 270°方向波浪(H_s = 6.1m,T_p = 12.3s)作用时,3 ~ 6t 护面块石有流失现象,防波堤断面的块石流失率为 5.0%。

295°方向波浪(H_s = 6.2m,T_p = 12.4s)作用时,3 ~ 6t 护面块石的运动情况与 270°方向波浪作用下的块石运动情况相类似。即首先出现移动的部位是在迎浪侧的坡肩处;试验开始阶段断面形状变化较快,随着时间的推移速率变慢,最终形成与动力条件相适应的更缓的前坡。波浪连续作用 15h 后断面趋于稳定。此时,出现流失的防波堤断面面积为 101.51m^2,占整个试验断面面积 1926.4m^2的 5.3%。在 295°方向波浪(H_s = 6.2m,T_p = 12.4s)作用时,3 ~ 6t 护面块石有流失现象,防波堤断面的块石流失率为 5.3%。

330°方向波浪(H_s = 4.8m,T_p = 11.0s)作用时,波浪入射方向与防波堤轴线夹角较小,并且波浪动力相对较弱,块石流失率相对较小。波浪连续作用 15h 后断面趋于稳定。此时,出现流失的防波堤断面面积为 25.43m^2,占整个试验断面面积 1932.1m^2的 1.3%。在 330°方向波浪(H_s = 4.8m,T_p = 11.0s)作用时,3 ~ 6t 护面块石有流失现象,防波堤断面的块石流失率为 1.3%。

堤心石、第一层护面块石和第二层护面块石的流失率统计结果见表2-6。

堤心石及护面块石失稳率统计　　表2-6

块石类型	重现期(a)	浪向(°)	作用时间(h)	失稳面积(m^2)	剖面总面积(m^2)	失稳率(%)
0～1t堤心石	1	295	21	64.42	1654.8	3.9
1～3t护面块石	1	270	15	22.02	1808.0	1.2
	1	295	15	22.98	1804.4	1.3
	1	330	15	14.85	1810.1	0.8
3～6t护面块石	10	270	15	96.36	1930.0	5.0
	10	295	15	101.51	1926.4	5.3
	10	330	15	25.43	1932.1	1.3

2.3.4　堤心石稳定高程的试验研究

根据技术要求，本次试验是研究重现期为10年、三个方向波浪(270°、295°和330°)及水流(v = 1.0m/s)作用下，防波堤堤心石(0～1t)未出水时的稳定高程。图2-20～图2-22给出了三个方向波浪作用下堤心石未出水时防波堤断面的变化过程。

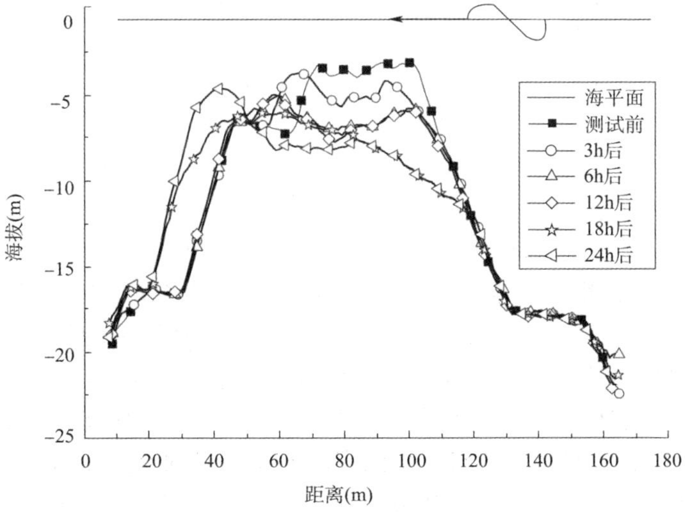

图2-20　270°方向波浪作用下堤心石稳定的顶高程

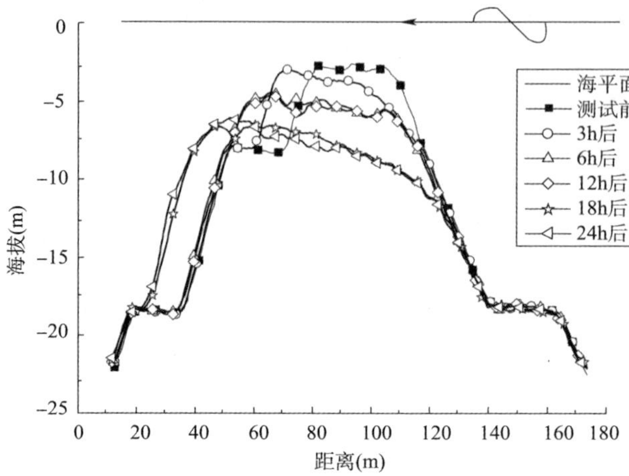

图 2-21 295°方向波浪作用下堤心石稳定的顶高程

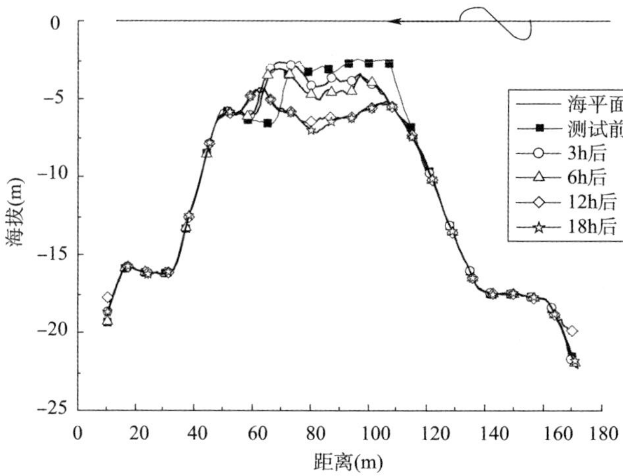

图 2-22 330°方向波浪作用下堤心石稳定的顶高程

从试验结果看,堤心石未出水时,在270°方向波浪($H_s = 6.1\text{m}$, $T_p = 12.3\text{s}$)作用下,整个顶面上的堤心石均出现位移。部分堤心石在波浪的作用下从迎浪侧滚落到了背浪侧的坡面上,造成迎浪侧的坡度变缓,堤顶高程降低。波浪作用3h后,堤顶高程由设计的 -3.0m 降低到 -5.0m 左右,堤心石流失速度很快。随着时间的推移,迎浪侧坡面上越来越多的堤心石被波浪带到了背浪侧的坡面上,迎浪侧的坡度越来越缓,堤顶高程越来越低,堤心石流失速度减慢。波浪和水流连续作用24h后,防波堤断面仍有缓慢的变形,但是迎浪侧坡面的最低点基本保持稳定。此时，迎浪侧坡面发生堤心石移动的顶高程介于 -11.3 ~ -7.7m。即在 270°方向波浪（H_s = 6.1m，T_p = 12.3s）作用下，堤心石未出水的稳定高程为 -11.3 ~ -7.7m。

堤心石未出水时在 295°方向波浪（H_s = 6.2m，T_p = 12.4s）作用下，整个顶面上的堤心石均出现位移，堤心石运动的情况与 270°方向波浪作用时的运动情况类似。部分堤心石在波浪的作用下从迎浪侧滚落到了背浪侧的坡面上，造成迎浪侧的坡度变缓，堤顶高程降低；试验开始阶段，堤心石流失速度很快，随着时间的推移，迎浪侧的坡度越来越缓，堤顶高程越来越低，堤心石的移动速度越来越慢；波浪和水流连续作用 24h 后，防波堤断面仍有缓慢的变形，但是迎浪侧坡面的最低点基本保持稳定。此时，迎浪侧坡面发生堤心石移动的顶高程介于 -11.4 ~ -8.0m。即 295°方向波浪（H_s = 6.2m，T_p = 12.4s）作用下，堤心石未出水的稳定高程为 -11.4 ~ -8.0m。

330°方向波浪（H_s = 4.8m，T_p = 11.0s）作用时，波浪入射方向与防波堤轴线夹角较小。堤心石的运动分为两种形式：一种是从迎浪侧运移至背浪侧，使得迎浪侧坡度变缓；另一种运动是沿着堤轴线，从堤头往堤身方向堆积。该方向波浪的动力相对较弱，堤心石稳定高程相对较高。波浪连续作用 24h 后断面趋于稳定。此时，堤心石的稳定顶高程约为 -7.3m。

2.3.5　堤心石稳定的极限波高研究

本次试验研究 295°方向波浪作用下，保证标准断面的堤心石、1 ~ 3t 护面块石和 3 ~ 6t 护面块石稳定的极限波高。由于本次防波堤稳定性试验主要采用整体物理模型试验，波浪作用时，在波浪水池中观测上述块石整个稳定的过程存在一定难度，因此对该项内容选择在波浪水槽中来进行，通过水槽中玻璃窗观测块石整个的稳定情况，从而得出堤心石 0 ~ 1t、1 ~ 3t 护面块石和 3 ~ 6t 护面块石的极限波高。

另外通过防波堤标准结构断面可知。其堤心采用 0 ~ 1t 块石，高程为 -3.0m；堤心石上方采用 1 ~ 3t 块石进行护面，其顶高程为 0.5m；在 1 ~ 3t 块石上方采用 3 ~ 6t 块石进行护面，其顶高程为 3.4m。因此根据断面结构形式，且按照防波堤断面块石的施工先后次序。因此试验时总共分成 3 个阶段：首先针对 0 ~ 1t 堤心石，进行断面模型试验，在波浪作用下，得出其稳定的极限波高；然后分别针对 1 ~ 3t 护面块石和 3 ~ 6t 护面块石进行试验，得出其稳定的极限波高。

另外，对于块石稳定极限波高判定标准为，在波浪作用下，护面表面大量块石滚动，且块石表面整体形状有变形，判定其达到临界失稳，确定此时的入射波高定义为极限波高。

堤心石、1 ~ 3t 护面块石和 3 ~ 6t 护面块石稳定的极限波高试验分别如下所述。

(1)堤心石稳定极限波高试验。

堤心石断面模型摆放见图 2-23。

图 2-23　堤心石断面模型摆放

对于 0 ~ 1t 堤心石断面试验,为了寻求块石的稳定的极限波高,试验方法即由小波高逐渐加大方式进行。

在小波浪即 $H_s = 0.5m, T_s = 7.9s$ 和 $H_s = 1.0m, T_s = 7.9s$ 作用时,由于此时断面堤顶存在一定淹没水深,堤顶块石均能保持稳定。

当入射波高继续增加至 $H_s = 1.5m, T_s = 7.9s$ 时,在堤顶与护面拐角位置,块石表面上小块石(测量其块石质量均小于 300kg)开始少量滚落至海侧,个别大块石因小块石的滚落失去支撑,也滚落海侧。连续波浪作用块石表面整体未发生明显变形,因此认为稳定。

继续增加入射波高至 $H_s = 2.0m, T_s = 7.9s$ 时,块石表面滚动增加,且堤顶与护面拐角位置块石被带至海侧,因此表面整体有变形,因此认为极限稳定,即该波高为极限稳定波高。

继续增加入射波高至 $H_s = 2.5m, T_s = 7.9s$ 时,则 0 ~ 1t 堤心石破坏失稳。试验结果见表 2-7。波浪在堤顶破碎情况见图 2-24。

堤心石稳定的极限波高试验结果　　表 2-7

序号	试验水位	块石质量	入射试验波要素	0 ~ 1t 堤心石稳定情况描述
1	0.0m	0 ~ 1t 堤心石	$H_s = 0.5m, T_s = 7.9s$	稳定
2			$H_s = 1.0m, T_s = 7.9s$	稳定

续上表

序号	试验水位	块石质量	入射试验波要素	0～1t堤心石稳定情况描述
3	0.0m	0～1t堤心石	$H_s=1.5m, T_s=7.9s$	少量块石起动滚落至海侧，但块石表面没明显变形，判定稳定
4			$H_s=2.0m, T_s=7.9s$	起动块石增加，尤其在拐角位置，块石表面有变形，判定极限稳定
5			$H_s=2.5m, T_s=7.9s$	块石表面有变形，判定失稳

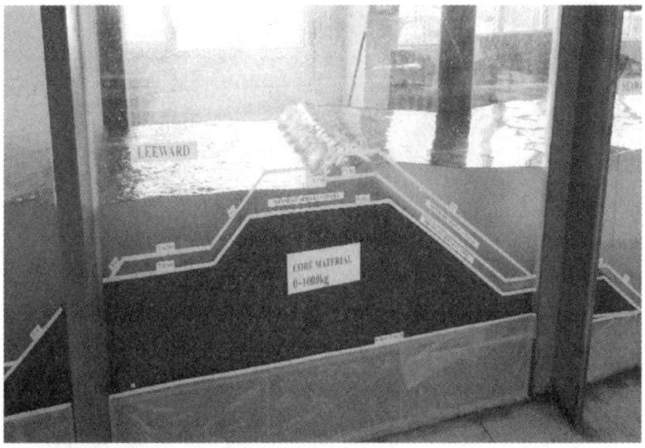

图2-24　波浪在0～1t堤心石顶发生破碎

（2）1～3t块石稳定极限波高试验。

1～3t护面石断面模型摆放见图2-25。与0～1t堤心石断面试验相同，试验由小波高逐渐加大方式进行。

图2-25　1～3t护面块石断面模型摆放

在波浪 $H_s=1.5\text{m}, T_s=7.9\text{s}$ 和 $H_s=2.0\text{m}, T_s=7.9\text{s}$ 作用下，此时断面块石堤顶高程与水位基本齐平，波浪冲击使得迎浪侧护面个别块石滚落，波浪连续作用后，块石均能保持稳定。

当入射波高继续增加至 $H_s=2.5\text{m}, T_s=7.9\text{s}$ 时，护面块石有滚落，尤其拐角位置，连续波浪作用块石表面整体未发生明显变形，因此认为稳定。

继续增加入射波高至 $H_s=3.0\text{m}, T_s=7.9\text{s}$ 时，块石表面滚动数量增加，且表面整体有变形，因此认为极限稳定，即该波高为极限稳定波高。

继续增加入射波高至 $H_s=3.5\text{m}, T_s=7.9\text{s}$ 时，则 1～3t 护面块石破坏失稳。试验结果见表 2-8。波浪直接冲击拐角位置情形见图 2-26。

1～3t 护面块石极限波高试验结果 表 2-8

序号	试验水位	块石质量	入射试验波要素	1～3t 护面块石稳定情况描述
1	0.0m	1～3t 护面块石	$H_s=1.5\text{m}, T_s=7.9\text{s}$	块石表面仅个别有滚动，稳定
2			$H_s=2.0\text{m}, T_s=7.9\text{s}$	
3			$H_s=2.5\text{m}, T_s=7.9\text{s}$	拐角位置，少量块石起动滚落至海侧，但块石表面没明显变形，判定稳定
4			$H_s=3.0\text{m}, T_s=7.9\text{s}$	起动块石增加，块石表面有变形，判定极限稳定
5			$H_s=3.5\text{m}, T_s=7.9\text{s}$	块石表面有变形，判定失稳

图 2-26 波浪冲击拐角位置 1～3t 护面块石

(3)3～6t 块石稳定极限波高试验。

3～6t 护面块石断面模型摆放见图 2-27。与上述两个断面试验相同，试验也由小波高逐渐加大方式进行。此时采用3～6t护面块石，断面块石堤顶高程高于水位，此时波浪直接作用在护面块石迎浪侧后发生破碎，破碎波浪爬高至堤顶。

图2-27 3～6t护面块石断面模型摆放

在波浪$H_s=3.0m$，$T_s=7.9s$和$H_s=3.5m$，$T_s=7.9s$作用时，迎浪侧护面个别块石滚落，波浪连续作用后，块石均能保持稳定。

当入射波高继续增加至$H_s=4.0m$，$T_s=7.9s$时，护面块石有少量滚落，但连续波浪作用块石表面整体未发生明显变形，因此认为稳定。

继续增加入射波高至$H_s=4.5m$，$T_s=7.9s$时，块石表面滚动数量增加，且表面整体有变形，因此认为极限稳定，即该波高为极限稳定波高。

续增加入射波高至$H_s=5.0m$，$T_s=7.9s$时，则3～6t护面块石破坏失稳。试验结果见表2-9。

3～6t护面块石极限波高试验结果 表2-9

序号	试验水位	块石质量	入射试验波要素	3～6t护面块石稳定情况描述
1	0.0m	3～6t护面块石	$H_s=3.0m$，$T_s=7.9s$	稳定
2			$H_s=3.5m$，$T_s=7.9s$	个别块石滚落，稳定
3			$H_s=4.0m$，$T_s=7.9s$	迎浪面，少量块石滚落至海侧，但块石表面没明显变形，判定稳定
4			$H_s=4.5m$，$T_s=7.9s$	护面滚落块石增加，且块石表面有变形，判定极限稳定
5			$H_s=5.0m$，$T_s=7.9s$	块石表面有变形，判定失稳

波浪作用，波浪冲击迎浪侧3～6t护面块石情形及块石最终变形情况分别见图2-28和图2-29。

图 2-28　波浪冲击拐角位置 3 ~ 6t 护面块石

图 2-29　迎浪侧 3 ~ 6t 护面块石变形情况

(4)极限波高试验小结。

通过对防波堤标准断面的堤心石 0 ~ 1t、1 ~ 3t 护面块石和 3 ~ 6t 护面块石稳定的极限波高试验可得到如下初步试验结果：

①对于 0 ~ 1t 堤心石，在波浪作用下，其稳定的极限波高为 $H_s = 2.0\text{m}$，$T_s = 7.9\text{s}$。

②对于 1 ~ 3t 护面块石，在波浪作用下，其稳定的极限波高为 $H_s = 3.0\text{m}$，$T_s = 7.9\text{s}$。

③对于 3 ~ 6t 护面块石，在波浪作用下，其稳定的极限波高为 $H_s = 4.5\text{m}$，$T_s = 7.9\text{s}$。

2.4 本章小结

本章基于现场实测资料，对印尼印度洋沿岸的气候、波浪、潮流等水文条件和泥沙的粒径、分布、来源等特征进行系统的分析，重点讨论了该地区的波浪特征，即常年长周期大波高的强浪特征。通过对比某国际冲浪网站工程海域附近区域的风浪周期与波浪监测数据与现场施工海域风浪，建立了一套直观的预测工程海域波浪变化规律的方法。正是基于上述的波浪特征，才使得防波堤的建设施工遇到了众多的难题和挑战。因此，正确地理解和认识长周期波浪特征是工程设计、科研和施工的前提基础，有助于突破常年长周期大波高强浪作用下的防波堤建设技术，提升和改进特殊条件下的防波堤设计方法，建立起一套适用、可行和经济的长周期波浪条件下的防波堤施工技术。

试验中测定及统计了防波堤施工过程中在波浪及水流的作用下，堤心石(0～1t)、1～3t护面块石、3～6t护面块石的稳定性及失稳率(记录护面块体的位移和摆动幅度)，寻求安全、经济的防护措施或应对方案，以指导分阶段的工程施工，对施工过程的进度控制提供了技术支撑。

第3章 施工期临时堤头防护模式关键技术研究

国内防波堤施工海域波浪周期通常在10s以下，台风来临时波浪周期增长至15～18s，非台风季节表现为良好的风浪水文条件；长周期波浪条件下，防波堤的施工常年受10～20s长周期波浪作用，且每月遭受1～3次波高在2～3.5m的大波高波浪袭击，此种状态的防波堤施工期稳定性与堤头防护成为施工的技术难点所在，因此掌握长周期波、大波高波浪对防波堤施工期的袭击破坏形态非常重要。本书结合物理实验模型研究与现场施工实践，重点分析此波浪环境下防波堤施工期稳定性，提出了一整套防波堤施工与防护的有效施工技术模式，对今后类似工程的施工具有重要的指导和借鉴意义。

3.1 施工期断面破坏形式

以Adipala防波堤工程中间圆弧段0+683m处18-18断面为例，进行施工期物理模型分析，模型按照重力相似准则设计，结构断面尺寸满足几何相似（表3-1），且计算模型重量时已考虑淡水与海水的密度差影响，采用电机伺服驱动推板吸收式造波机在波浪水槽内进行物理模拟实验。

施工期物理模型比尺选择 表3-1

断　　面	几何比尺	周期比尺	力比尺	单宽流量比尺	压强比尺
施工期18-18断面	37.6	6.1	53157.4	230.6	37.6

根据物理模型结果，分析施工期断面失稳状态见表3-2，堤心断面随时间变化如图3-1所示。

施工期物理模型施工断面失稳状态表 表3-2

物模状态	重现期2年期波浪		波浪连续作用1h	波浪连续作用24h
	波高(m)	周期(s)		
10～500kg堤心石	$H_{13\%}=3.44$	$T_s=15.19$	大量块石向港池侧漂移，堤顶高程由3.5m低至0.8m	堤顶高程变化为-2.5m
堤心石+800～1600kg垫层块石	$H_{13\%}=3.44$	$T_s=15.19$	0.5h水面线以上垫层冲向内侧，堤心石暴露，1h情况如上	

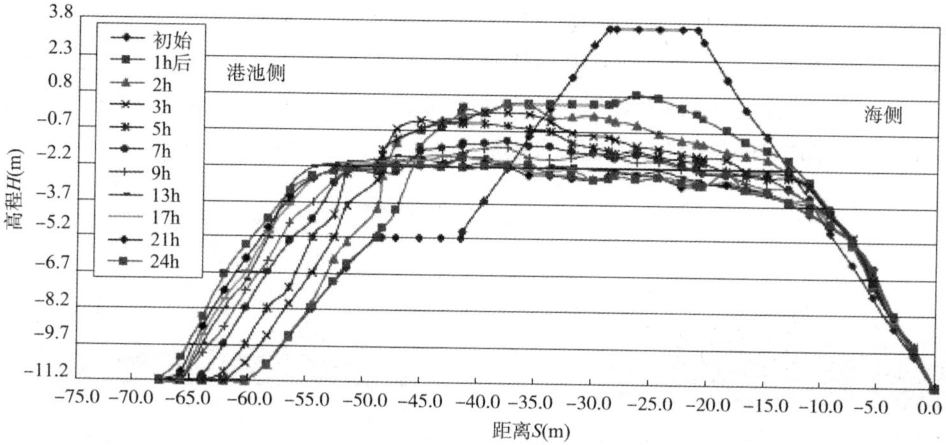

图3-1 波浪连续作用下堤心石断面变化时间图

可见防波堤施工期采用块石推填时，即使采用800～1600kg护面块石进行理坡，在重现期2年期波浪连续作用下0.5h内就发生破坏，以至于防波堤断面失稳，所以施工期扭王字块体防护应及时跟上，缩短堤心石、垫层石施工与块体施工之间的距离，以便在大浪来临时能够及时做好防护。

从上述试验结果能够发现，由于堤心石在强浪作用下非常不稳定，因此长周期波浪条件下的防波堤破坏形式也主要以未得到及时防护的防波堤堤头破坏为主。强浪冲刷防波堤堤头的状况与防波堤的平面形态直接相关，以Adipala防波堤工程建设过程为例：防波堤堤根破碎段0+000～0+383m波浪为S向，与防波堤堤头断面垂直；中间圆弧段0+383～0+800m防波堤外海侧波浪常浪向由S向变化为SSE向，波浪表现为自外侧向内侧横切堤头断面；堤头直线段波浪常浪向SSE向，波浪表现为横切堤头断面。同时，大浪期间堤头水流速度加快，现场观测堤头最大水流流速超过10m/s，水位变动区水流变化最为剧烈，对防波堤形成的冲刷破坏最严重，急速水流形成的冲击力使块石和块体浮动，并形成顶托和携带作用，从而使水位变动区堤头和内坡块石滑动漂移，在特大波浪作用时，外侧扭王字块也会随水流滑向坡底。

防波堤的破坏形式与防波堤的推进里程密切相关。在0+000m～0+383m里程处，强浪方向S向与堤头断面垂直，堤头直接遭受强浪袭击（图3-2），堤头破坏形式表现为堤头堤心石和垫层石后退，并在水流作用下，块石堆积在内外坡，部分块石受水流冲刷滚落至外侧已安装扭王字块体表面。在0+383m～0+800m圆弧转弯段里程处，强浪方向SSE与堤头断面夹角由45°向-2°渐变，堤头破坏形式表现为块石受水流作用向内坡滑移，内坡块石先失稳破坏，石头全部堆积在内坡，波浪强度大时，外坡扭王字块也随块石失稳自外坡滑向内坡（图3-3）。在0+800m～

0 + 1530m堤头直线段里程处，强浪方向与堤头断面近乎平行，呈 – 2°夹角，堤头破坏形式表现为强浪横切堤头，未采用块体防护的堤心石和垫层石自堤头逐段被强浪切削至内侧，有块体防护段的稳定性好于圆弧转弯段，防波堤外侧正面迎击强浪冲刷，但强浪期间堤顶会出现明显的越浪(图 3-4)。

图 3-2　施工期堤头垂直迎浪特征图

图 3-3　施工期堤头外侧迎浪特征图

图 3-4　施工期堤顶越浪特征图

上述圆弧转弯段及堤头直线段堤头破坏形式均表现出当堤头达到临界失稳状况后，在很短时间内将全部破坏，防波堤堤头里程一路后退，直至随水流堆积在堤身内侧的块石和块体对堤身形成支撑作用后才逐渐停止倒退，强浪所带来的破坏性非常大。

因此，对于拟建的新项目，可根据不同防波堤的施工里程及波浪方向，提前预判不同里程处的防波堤堤头破坏形式，针对性地采取防护措施，有利于节约施工成本。例如正在建设的Gama防波堤工程，根据波浪要素和防波堤平面位置的相对关系，可给出不同里程的防波堤破坏形式，如表3-3所示。

Gama施工期防波堤段面破坏形式分析表 表3-3

断面里程	强浪方向与堤头断面角度	堤头迎浪特征	堤头破坏特征
堤根直线段 0+000~0+383m	垂直(90°)	堤头垂直迎浪	堤心石受冲刷后退，块石堆积内外边坡
中间圆弧段 0+383~0+833m	垂直→平行(90°→2°)	由堤头垂直迎浪变化为水流横切堤头，外坡上浪	由块石内外堆积变化为石料堆积内坡，拓宽堤身
堤头直线段 0+833~0+1530m	平行(2°)	水流横切堤头，外坡上浪	自堤头底端块石、块体内移

3.2 施工期临时堤头防护模式关键技术

3.2.1 堤头防护频次

中国沿海地处西北太平洋沿岸，防波堤施工受西北太平洋热带气旋影响，其影响时间主要发生在7—9月，其他季节热带气旋数量明显减少且强度减弱，1945—2009年登陆中国沿海的热带气旋个数年均9.2个，形成热带风暴并对防波堤安全构成威胁的热带气旋个数年均1~3个，热带气旋的形成及发展已能够得到准确的监测，对于沿海防波堤施工能够提供足够的预警时间做好防波堤施工期防护，呈现出防护频次低等特性。

印度尼西亚地处印度洋东北侧，防波堤施工常年受印度洋季风气候影响。季风期为每年5—10月，防波堤基本无法推填施工；非季风期为11月至次年4月，非季风期中每月有1~3次波高在2.5~3.5m、波浪周期在18~21s的波浪袭击防波堤，施工期防波堤堤头防护频次高。相比国内防波堤施工每年受1~3次台风影响的情况，印度洋环境下防波堤施工每月受1~3次强浪影响，强浪表现出频次高、多发特征。

3.2.2 波浪特征差异

中国沿海近岸强浪主要由热带气旋(台风)引起，多为风成浪，平时波浪周期一般在10s以下，波长较短，台风来临时台风中心的波浪周期会增大至18～18.5s，海水水位受地理环境限制会产生较大增水，风成浪及潮水水位上涨形成对堤头的双重破坏。

印度尼西亚沿海受印度洋波浪影响，强浪主要由涌浪和风成浪组成，季风期外海涌浪与风成浪相互叠加，近岸水流变化剧烈，基本无法施工；非季风期波浪主要表现为外海环境变化所引起的近岸涌浪，涌浪周期一般大于10s，平均周期大于13s，最大周期达21s，波长大于180m，波高达3.5m，高波高大周期长波长波浪是破坏堤头的主因，根据Adipala工程2012年4月至2013年3月观测站点数据，强浪周期及相应波高见表3-4。

强浪周期及相应波高表(2012年4月—2013年3月)　　表3-4

统计	2012年									2013年		
	4月	5月	6月	7月	8月	9月	10月	11月	12月	1月	2月	3月
最大周期(S)	20	19	18	20	20	19	18	19	17	18	17	17
最大波高(m)	3.5	2.4	2.2	2.5	3	3	2.2	2.2	2.3	2.5	3.5	2.5
平均周期(S)	14.2	13.2	15	15.3	14.7	14.5	14.1	13.5	13.3	12.6	13.1	13.1

相比国内防波堤施工受短周期、风成浪为主因的波浪影响，印度洋环境的波浪表现为周期大、波长长的涌浪特征。有研究表明，当波浪周期达到20s时，波浪所携带的能量较为集中不易扩散，快速推进的波浪将深深地渗透到防波堤内，易导致块体随水流力起伏而造成防波堤护面的顺坏。

3.2.3 施工期堤头防护方案比选

针对防波堤堤头波浪冲击的常态化和高频率，堤头防护全部采用块体将造成防护成本过高、装拆工期较长，同时堤头防护水位以下块体无法有效拆除，费用损失特别大等问题，严重制约工程进度和增加工程费用。经过对不同防护方式如块体防护、堤头块石灌浆、钢桁架防护罩、钢丝网石笼等方案的比选(表3-5)，综合考虑施工工艺、工期、费用、实用性等特征，最后选择钢丝网石笼配合块体进行堤头防护，经现场实践发现其表现出良好的适用性和经济性。

堤头防护方案比选分析

表3-5

比选项目	工艺特征描述	优缺点分析
方案一 钢丝网石笼	4m×1m×1m钢丝石笼网 钢丝直径 $d=4$mm 30T平板运输 280T起重机安放	优点：制作方便，加工简单速度快，造价低；结构本身有良好的透水性、柔性、较强抗冲刷和抗波浪袭击能力，堤顶石笼不用拆除，恢复施工快； 缺点：耐久性差，波浪冲刷周期长时易破坏；单体重量轻，波浪大时易整体失稳；一次性消耗品、无法重复利用
方案二 预制块体	C25混凝土、16～22T扭王字块、30T平板运输、280T起重机安放	优点：定型构件，单体重，联锁效果好，消浪能力强，对大浪的防护效果好，安全性高； 缺点：造价高，装拆周期长
方案三 块石灌浆	C25混凝土、搅拌车运输、泵车泵送、人工振捣	优点：施工方便，速度快，整体性好，造价较低； 缺点：水位以下部分水流速度大，无法成型，只能施工水位以上部分，防护有效范围较小，易自下而上破坏
方案四 钢桁架防护罩	H350标准型钢主骨架、[12槽钢支撑、4mm钢板面板制作，30T平板车运输、280T起重机安放	优点：安装速度快，整体性好； 缺点：制作周期长、受波浪冲刷变形严重，拆除困难，周转次数低，同时，对桁架基层块石平整度要求高，施工难度大，造价较高

钢丝网石笼具有良好的透水性、柔性、较强的抗冲刷和抗风浪袭击能力。良好的透水性减轻了强浪对石笼的冲刷强度，同时减轻水流对防护结构的顶托和真空吸力；良好的柔性使石笼网受水流冲刷后网内的块石即使产生位移，变形后的石笼结构会产生新的平衡，其整体结构可在风浪力作用下自行微调，使其断面更有效地适应波浪冲刷。经过现场实践应用，钢丝网石笼表现出良好的抗冲刷和抗波浪袭击能力，同时其制作工序简单、速度快、安装便易、堤头恢复施工便易，适合于强风浪高频率条件的堤头临时防护施工。

3.2.4 施工期堤头防护

根据波浪携带能量预测情况，堤头的波浪强度与波高、波周期和风速直接相关，按照现场观测数据和施工实践经验，分四种工况进行堤头防护的设置(见表3-6)。

不同工况条件下施工期堤头防护措施表(非季风期)　　表 3-6

工况情况	工况特征描述	施工期堤头防护措施
工况一	1000≤能量值<1500 1.5≤波高<2.0m	采用不小于 1000kg 垫层块石对外坡及堤头进行理坡防护，理坡高程从 -5.0 ~ 3.5m，堤头当天推进当天防护
工况二	1500≤能量值<2000 2.0≤波高<2.5m	堤头及内坡采用 CAT385 大型挖掘机做 -5.0m 戗台，采用 4m×1m×1m 钢丝网石笼防护堤头坡面，定时检查及补装
工况三	2000≤能量值<2500 2.5≤波高<3.0m	堤头及内坡采用 CAT385 大型挖掘机做 -5.0m 戗台，水位以下安装石笼、设置块体压脚，水位以上安装 22T 扭王字块体护面
工况四	能量值>2500 波高>3.0m	堤头及内坡采用 CAT385 大型挖掘机做 -5.0m 戗台，坡面全部安装 22T 扭王字块体护面

注：实践表明，石笼耐久性较差，24h 内稳定性较好，时间长则石笼破损较多，后续施工宜加以改善，采用钢筋笼装石或钢丝绳网兜装石以确保防护效果。

工况一堤头块石基本可满足自稳条件，防波堤推进实行边推边理坡边在外坡安装预制块体防护，可不间断向前推进；当达到工况二时，堤头的块石在波浪水流的冲刷下已不能自稳，堤头块石将向内坡漂移，此时，需在堤头及内坡 20m 范围施工 -5.0m 戗台，自戗台至坡顶的堤头和内坡采用石笼结构进行防护，过程中对破损石笼及时补装，待波浪条件达到工况一状态时，清除堤顶石笼继续向前推填；当达到工况三时，水位面以下部分安装石笼破坏率高，易造成坡脚失稳，水位以上遇有瞬时大浪则整体失稳的危险性加大，无法及时补装进行防护，故在底端要设置块体压脚层，避免底脚石笼结构失稳，待达到工况一时拆除堤顶预制块体，继续向前推进；当达到工况四即特大浪时，整个堤头范围均要采用预制块体进行围护，此种防护结构与国内台风来临前防护模式相同。如图 3-5 所示。

图 3-5　施工期堤头石笼及块体防护示意图

根据本工程的施工实践，针对施工期堤头不同风浪条件下的波浪状况，区分为不同的工况作业环境，针对性地提出不同的堤头临时防护方案，使堤头防护措施明确化，能够最大限度地降低堤头防护成本，提升项目运行效益。

钢丝网石笼结构在高频次强风浪条件下防波堤施工期堤头防护中得到成功应用，解决了波浪较大时堤头临时防护的技术难题。

3.3　气幕式堤头临时防护措施初步研究

3.3.1　气幕式防波堤的发展及基本原理

气幕式防波堤是一种特殊形式的防波堤，早在1907年美国人Brasher首次基于气泡帷幕衰减波浪的观点提出了气幕式防波堤结构，很多学者陆续对气幕式防波堤的消浪机理、设计方法及相关理论进行了大量的研究工作。

气幕式防波堤工作原理主要是通过装设在岸上或工作船上的压气站产生一定压强的压缩空气沿导管输移至铺设在海域外侧接近水底处的一条或数条表面上开有大量小孔的管子，从管上小孔中形成大量的气泡，这些气泡在水中逐渐上升、膨胀，并在沿管孔的全长范围内形成气幕，起到消波作用。

气幕式防波堤具有初期投资小、容易安装、移动性强、临时机动性能好、可重复利用、不受水深和地质条件限制、不影响水流、泥沙运动条件、船舶无阻进港等特点，且由于喷气孔管自身断面很小且可安设的足够深，孔管本身所受的波浪力较小，可容易通过抛锚固定或通过锚链固定在抛入水中的预制重物上。因此，气幕式防波堤适用于水深较大、波长较小且短时间工作条件下。

1978年日本学者Yuichi Iwagaki通过试验将气幕式防波堤和淹没式防波堤结合进行消浪效果研究，结果表明，两者一起工作时较每种防波堤单独运用时大有改进。本书研究工作的重点是将气幕式防波堤安置在传统的斜坡式防波堤堤头，在不同布置方式下通过块体稳定结果对比气幕式防波堤的消浪特性，进而明确气幕式防波堤能否用于堤头块体防护。

3.3.2　模型试验设计

(1)试验背景

本次研究基于印尼亚齐PLTU电厂项目西防波堤堤头进行的气幕式防波堤堤头块体防护试验研究。西防波堤堤头断面详见图3-6，堤头表面覆盖扭王字块为16t，下面为800～1600kg护面块体，最下面一层为500～600kg护底块石，试验摆放完成详见图3-7。

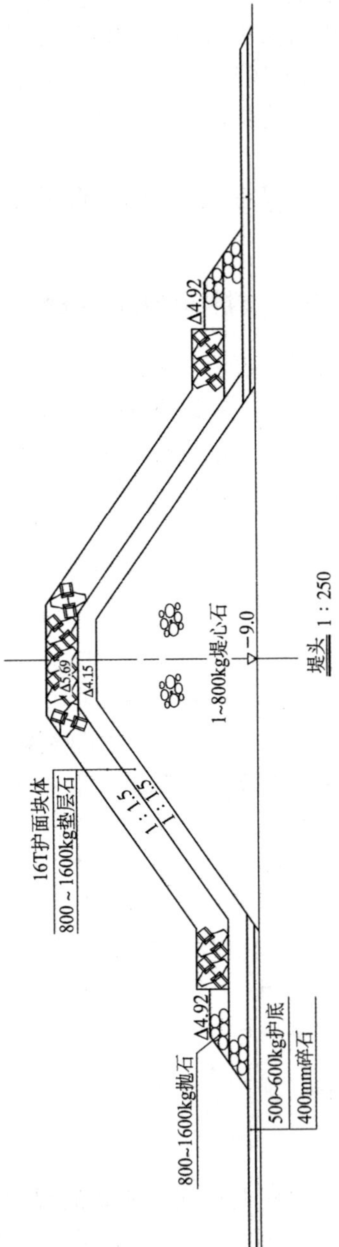

图 3-6 西防波堤堤头断面图

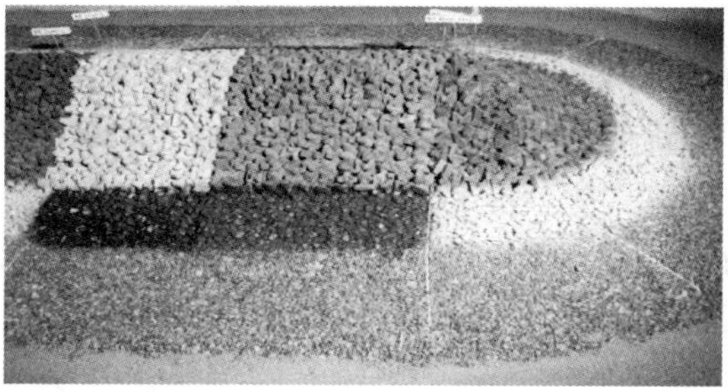

图3-7　西防波堤堤头布置图

(2)模型试验设计

本试验模型比尺为1:60,堤头前试验水深为 $h=0.25$m,试验波要素波高 $H_{13\%}=5.17$m,$T=13$s。试验来浪方向与防波堤位置关系如图3-8所示,来浪方向为SSW向。堤头前方布置气幕式防波堤,气幕式防波堤孔管由PVC管制作,孔管内径10mm,并由管道同0.6m^3/min空气压缩机相连,如图3-9所示。

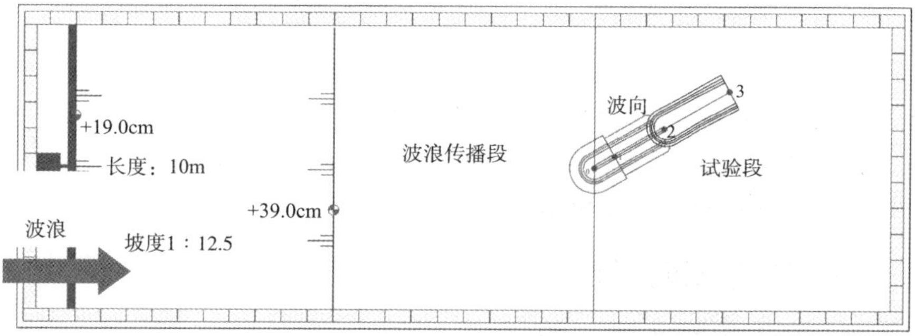

图3-8　平面布置图

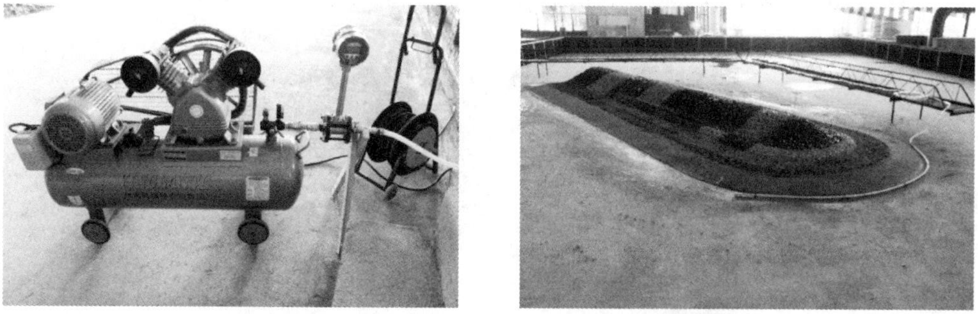

图3-9　空气压缩机与孔管

试验过程中,启动空压机,将空气经由管道从孔管排出,在水深方向形成锥形气幕,而在水面形成两个方向相反的水平流,促使由造波机产生的波浪传到该处时发生破碎现象，降低波浪能量，进而达到掩护的效果。

本试验先在未加设气幕式防波堤情况下对堤头进行波浪作用，观察堤头块体的稳定性，再通过在堤头加设气幕式防波堤进行试验，观察气幕式防波堤对堤头的防护作用，通过改变气幕式防波堤的不同形态确定最好的防护效果方案。试验中孔管以包围式布置在堤头，所谓包围式是指将一根孔管做成弧形搁置在堤头正前方，孔管布置形式如图 3-10 所示。

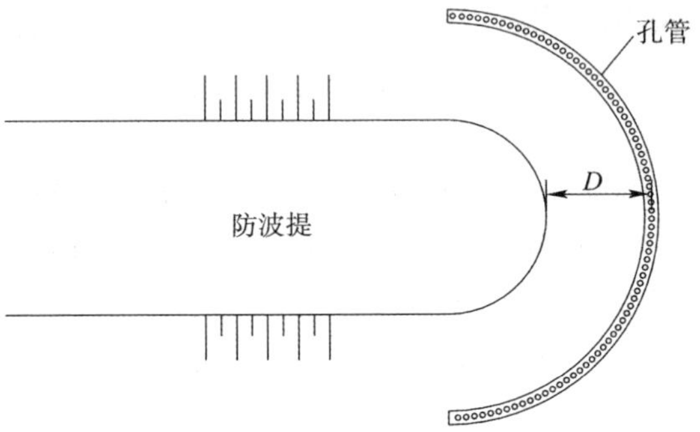

图 3-10　孔管布置图

试验中通过调整堤头距离孔管的距离 D 进行试验效果对比，模型中 D 分别为 0.25m、0.5m、0.75m、每组试验供气量 Q 均相同，每个方案试验重复三次，每次作用时间不少于 3h(原型)，若试验结果相差较大，需加做试验组次。

3.3.3　试验结果分析

(1)堤头单独在波浪作用下稳定性试验结果

通过波浪直接作用于堤头试验得出，在波浪作用 3h 后堤头面层 16t 扭王字块掉落 9 块，堤头失稳，如图 3-11 所示。

图 3-11　无气幕防波堤掩护时堤头失稳情况

(2)气幕防波堤对堤头稳定性影响

如图3-10所示,按照气幕式防波堤距离堤头距离 D 为1～3倍水深布置,分别进行试验,试验结果如图3-12～图3-14所示。

图3-12 $D=h$ 包围式布置堤头失稳情况

图3-13 $D=2h$ 时包围式布置堤头稳定情况

图3-14 $D=3h$ 时包围式布置堤头稳定情况

①$D=h=0.25$m时,气幕式防波堤防护效果不明显,在波浪作用3h后堤头面

层 16t 扭王字块掉落 6 块，堤头失稳，但 800 ~ 1600kg 的护面块石比未加防护时情况改善了很多，如图 3-12 所示。

②$D=2h=0.50$m 时，气幕式防波堤防护效果明显，在波浪作用 3h 后堤头面层 16t 扭王字块仅个别晃动，未出现掉落，块体稳定，仅堤头后方部分 800 ~ 1600kg 的护面块石失稳，如图 3-13 所示。

③$D=3h=0.75$m 时，气幕式防波堤防护效果不及 $D=0.50$m 时，在波浪作用 3h 后堤头面层 16t 扭王字块掉落 2 块，堤头失稳，如图 3-14 所示。

气幕式防波堤与堤头的距离对其防护效果有明显的影响，在气幕式防波堤距离堤距离 D 为 2 倍水深时其对堤头的掩护效果最好。

3.3.4 试验结论

本书通过物理模型试验研究了气幕式防波堤堤头稳定性的防护效果，通过试验得出，气幕式防波堤与堤头的距离对其掩护效果有明显的影响。在本试验中，气幕式防波堤与堤头距离为 2 倍水深时其效果最为明显。气幕式防波堤加工工艺简单，安装便易，可重复利用，大幅节约了施工成本，并可快速推进施工进度，若能够很好地把握影响气幕式防波堤掩护效果的因素，将气幕式防波堤作为一种临时防护措施应用于施工过程中不失为一种有效的方法。

本书中只研究了一种水位下气幕式防波堤与堤头距离对表面块体防护效果有明显影响，气幕式防波堤供气量。气孔大小、气孔间距等因素对其防护效果的影响还有待进一步研究；由于时间原因对气幕式防波堤对施工工程中堤心石、块石的防护效果情况，本书中未做试验对比研究。

3.3.5 适用性分析

模型试验中仅是保证每组试验保持孔管气量相同，未进行气量大小的测量及气量大小对防护效果的影响。根据已有的研究成果，供气量成为实际应用中的最大障碍，Carr 和 Schiff 的研究和试验表明气幕式防波堤运行需要巨大的供气量；德国的 Hensen、美国的 Wetze、U. S. S. R. 的 Teplov、日本的 Kurihara 均对气幕式防波堤进行了试验研究，一致给出的结论认为所需的供气量是巨大的。1955 年，Eveans 开展了一系列的模型研究，指出当波长超过 200 英尺的时候利用气幕防波堤来完全消波是不经济的。1961 年，Green 通过试验对气幕防波堤消浪效果进行了研究，结果显示其消波性能随着相对水深 L/h 的增大而减小，当 L/h 大于 3 时，即使无限制地加大供气量，也难以使得波浪衰减到 50% 以下。1968，Bulson 基于自己和其他学者所开展的理论分析和实验研究基础上，给出了入射波浪波长和波高一定的情况下消波所需要的供气量 Q 的大小，指出对于气幕防波堤消波起主要作用的供气量 Q 在实际工程中是非常巨大的。2005 年，大连理工大学王国玉进行了气幕防波堤的模型试验研究，研究结果指出对于短周期波浪的情况，增加供气量，可以明显地改善消浪效果，但对于长周期波浪的衰减作用十分有限。通过既有的研究可以看出气幕式防波堤的消浪效果主要取决于所提供的供气量，并且同入射波浪的周期有很大的关系。因此对于周期较长区域应用气幕防波堤进行消浪需要巨大的供气量，从经济方面和消浪效果方面分析气幕防波堤不适用于长周期波区域。

3.4　本章小结

本章根据模型试验研究和现场观察，系统地分析了长周期波浪条件下防波堤的破坏形式，结合印度洋海岸的水文特征，提炼和总结出了一套适合于长周期波浪条件下施工技术，包括对施工期堤头在中长周期波浪袭击下损坏的相关实际资料进行研究，通过缩短分项间隔确保防护效率做到及时防护，并根据不同的工况作业环境，针对性地提出了采用钢丝网石笼配合块体进行堤头防护的措施，最大限度地降低堤头防护成本，提升项目运行效益。通过上述方法，最大限度地减缓陆上施工压力，提高了防波堤施工速度，降低了防波堤的破坏风险，减少了防波堤施工期的防护成本，对防波堤的顺利完成起到了重要的作用。该套施工技术成功地应用于印度尼西亚 Adipala 和 Gama 防波堤工程，极大地缩短了防波堤的施工工期，节省了施工成本，带来了巨大的经济效益和社会效益。

同时，气幕式堤头临时防护措施是一种临时机动性、可重复利用、不受水深和地质条件限制的快速堤头防护措施，作为现有的钢丝石笼与护面块体结合的堤头防护措施的补充，有助于进一步降低施工期临时防护的成本，提高施工效率。

第 4 章　防波堤水上抛填关键技术研究

4.1　小型开体驳水动力分析

通过建立小型开体驳水动力模型，研究长周期波环境中小型开体驳响应机理，对本环境及类似环境小型开体驳的采用提供坚实的理论支持。

4.1.1　35m 工程船水动力计算

4.1.1.1　船舶参数

如表 4-1 所示。

35m 工程船参数估算　　　　表 4-1

参数	参数值	单位	参数	参数值	单位
船总长	35.00	m	浮心高	0.93	m
船型宽	10.00	m	横稳心半径	6.10	m
型深	2.70	m	纵稳心半径	65.13	m
吃水	1.60	m	横稳性高	5.03	m
排水体积	399	m^3	纵稳性高	64.06	m
排水量	408.98	t	横摇周期	3.81	s
重心高	2.00	m	纵摇周期	4.00	s

4.1.1.2　建立水动力模型

根据工程船的总布置图，建立了该船的三维水动力模型，见图 4-1。

4.1.1.3　水动力计算

(1)RAO 计算

在规则波中未考虑系泊系统浮体的运动方程为：

$$\{-[M+M_a(\omega)]\omega^2 - iB(\omega)\omega + K_H\}x = F_w$$

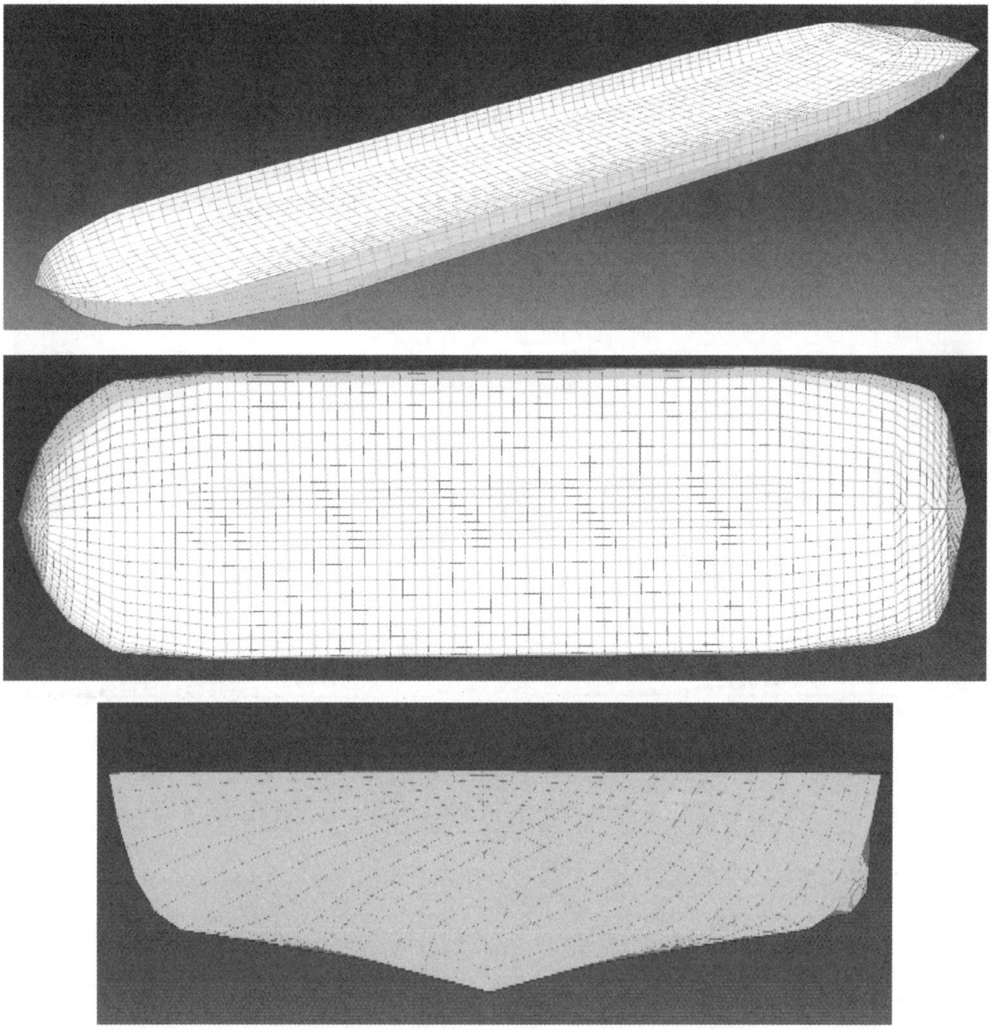

图4-1　35m工程船三维水动力模型图

上式中各个参数在附表中均在附表中列出了不同频率对应的数值，其中，M_a 为附加质量，$B(\omega)$ 为辐射阻尼，K_H 为静水刚度。令上式右端等于零，即可得出船体的固有周期｛在实际计算固有周期时，阻尼通常可以忽略不计，即求解 $-[M+M_a(\omega)]\omega^2+K_H=0$ 即可｝。

经计算得出，本船舶在计算吃水参数状态下，对应的横摇固有周期为3.81s，纵摇固有周期为4.00s。

应用势流理论，在频域中选取 0.05 ~ 2.0rad/s 内间隔 0.05 选取 40 个代表频率进行计算，波浪方向为 0 ~ 360°，每个 30°为一代表浪向，共选取 13 个方向。该开体船六个自由度的 RAO 结果如图 4-2 所示。从该船的 RAO 曲线可以看出，该船尺度小，对应的固有周期也较小，当波浪周期接近固有周期时，船体对应的 RAO 幅值较大，远离其固有周期后，船舶的运动量变小很多，因此该船在频率小（长周期）时运动量较小。值得注意的是，在长周期时由于波浪二阶慢漂力的作用，船舶水平面的运动幅值会变大，例如纵荡、横荡和艏摇三个自由度。

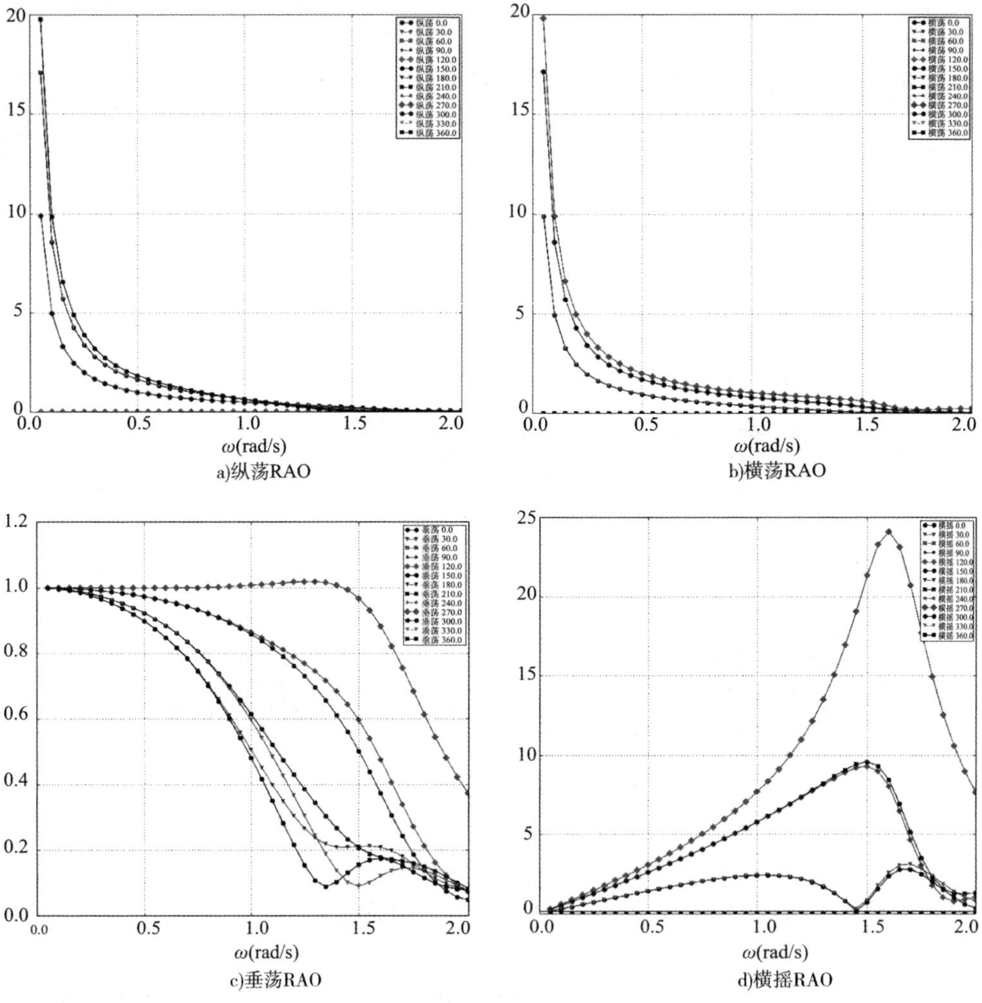

a)纵荡RAO
b)横荡RAO
c)垂荡RAO
d)横摇RAO

图 4-2

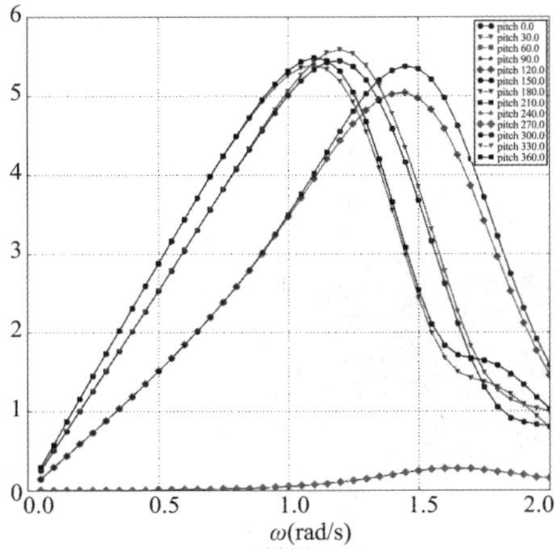

e)纵摇RAO

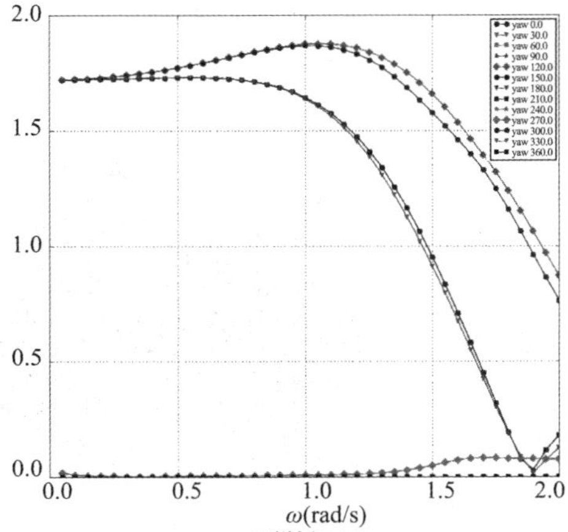

f)艏摇RAO

图4-2 35m工程船RAO

(2)时域响应

通过傅立叶变换,基于RAO曲线,得到了波浪作用角度为30°,有效波高为1.8m,谱峰周期为15s时的船舶时历曲线,结果如图4-3~图4-5所示。从图中可以看出,当谱峰周期为15s时,船舶对应的运动量较小。其中垂荡运动的幅值为1.4m,横摇运动的幅值接近2.3°,纵摇运动的幅值接近4°。

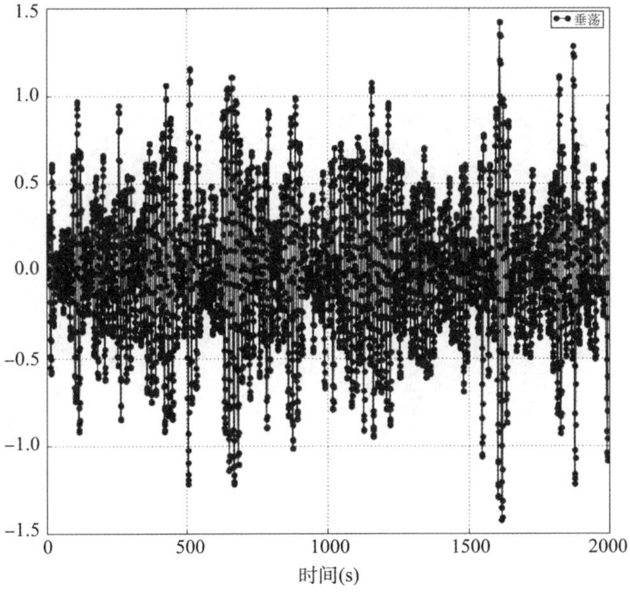

图4-3 35m工程船垂荡运动时间历程

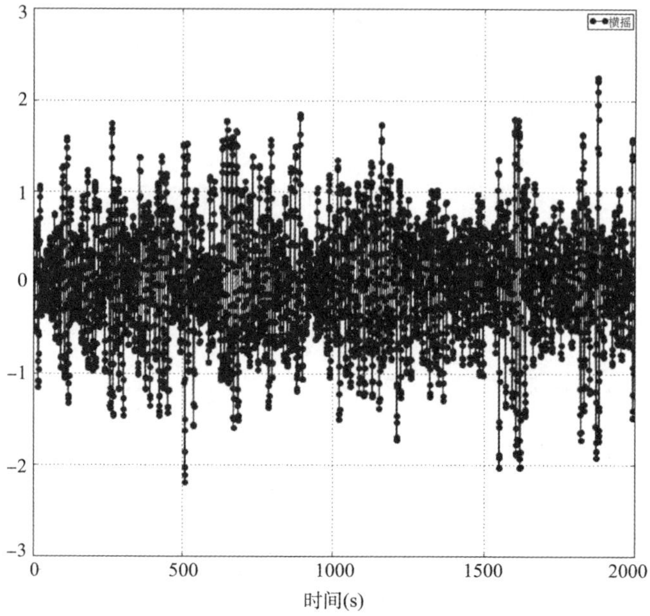

图 4-4　35m 工程船横摇运动时间历程

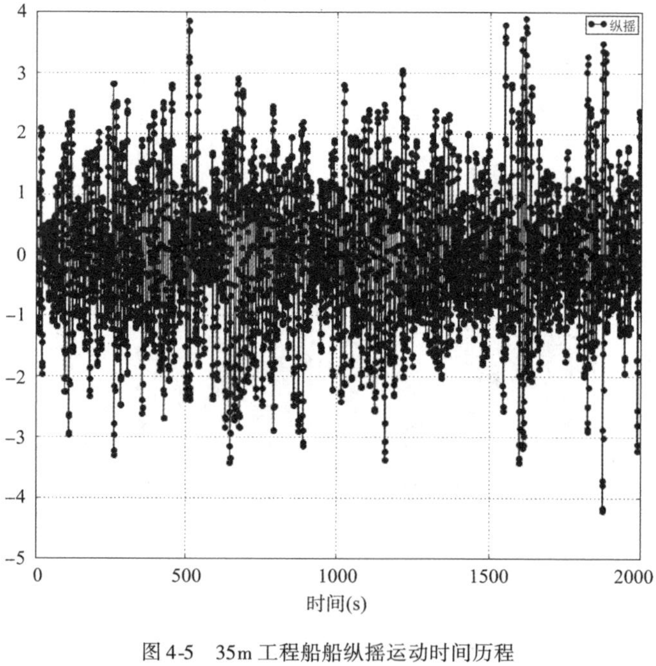

图 4-5　35m 工程船船纵摇运动时间历程

4.1.2　40m³开体船水动力计算

4.1.2.1　船舶参数

船舶参数见表4-2。

45m³ 开体船参数估算　　表4-2

船总长	18.50	m	浮心高	0.83	m
船型宽	5.60	m	横稳心半径	2.36	m
型深	1.85	m	纵稳心半径	17.33	m
吃水	1.40	m	横稳性高	1.68	m
排水体积	83.81	m^3	纵稳性高	16.66	m
排水量	85.91	t	横摇周期	3.22	s
重心高	1.50	m	纵摇周期	3.28	s

4.1.2.2　建立水动力模型

根据开体船的总布置图,建立了该船的三维水动力模型,见图4-6。

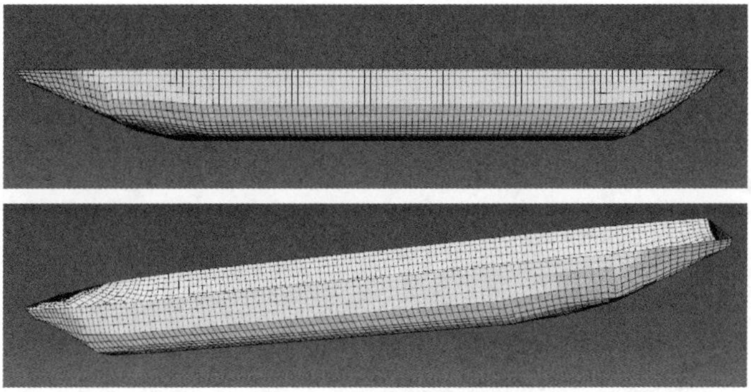

图4-6　45m³ 开体船三维水动力模型图

4.1.2.3　水动力计算

(1)RAO计算

在规则波中未考虑系泊系统浮体的运动方程为:

$$\{-[M+M_a(\omega)]\omega^2-iB(\omega)\omega+K_H\}X=F_w$$

上式中各个参数在附表中均在附表中列出了不同频率对应的数值。其中,M_a为附加质量,$B(\omega)$为辐射阻尼,K_H为静水刚度。令上式右端等于零,即可得出船体的固有周期{在实际计算固有周期时,阻尼通常可以忽略不计,即求解$-[M+M_a(\omega)]\omega^2+K_H=0$即可}。

经计算得出，本船舶在计算吃水参数状态下，对应的横摇固有周期为 3.22s，纵摇固有周期为 3.28s。

应用势流理论，在频域中选取 0.05 ~ 2.0rad/s 内间隔 0.05 选取 40 个代表频率进行计算，波浪方向为 0 ~ 360°，每个 30°为一代表浪向，共选取 13 个方向。该开体船六个自由度的 RAO 结果如图 4-7 所示。从该船的 RAO 曲线可以看出，该船尺度小，对应的固有周期也较小，当波浪周期接近固有周期时，船体对应的 RAO 幅值较大，远离其固有周期后，船舶的运动量变小很多，因此该船在频率小（长周期）时运动量较小。值得注意的是，在长周期时由于波浪二阶慢漂力的作用，船舶水平面的运动幅值会变大，例如纵荡、横荡和艏摇三个自由度。

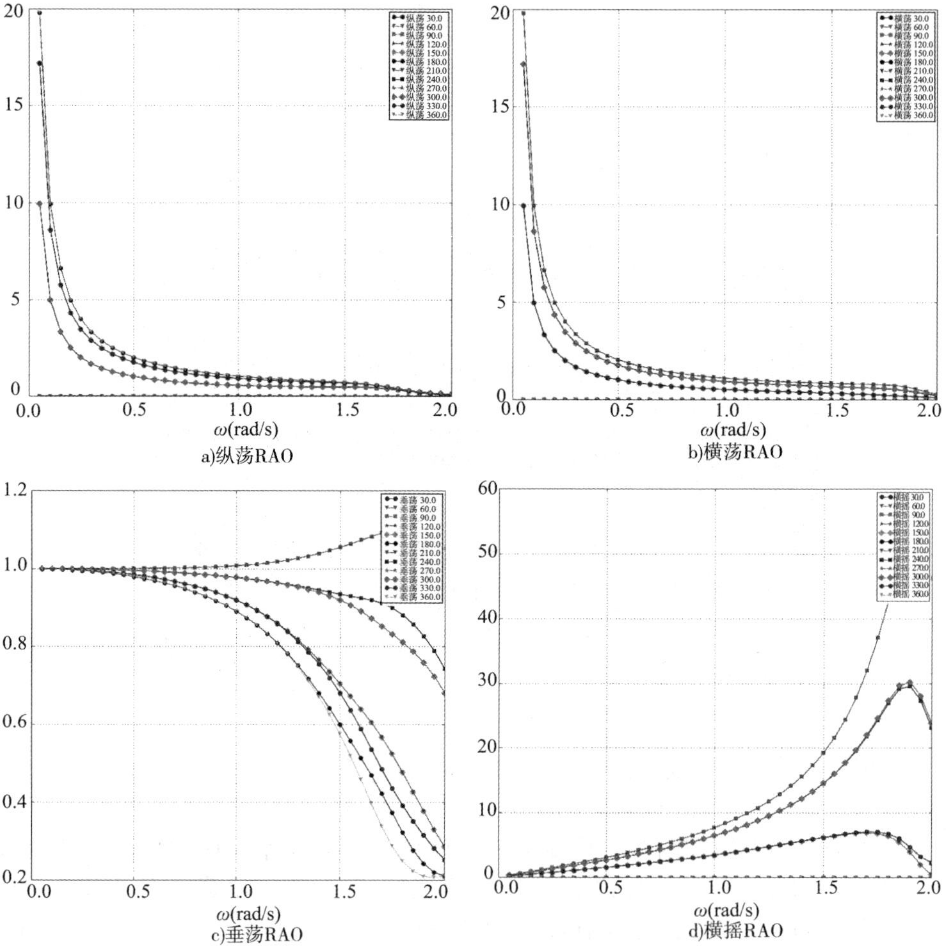

图 4-7

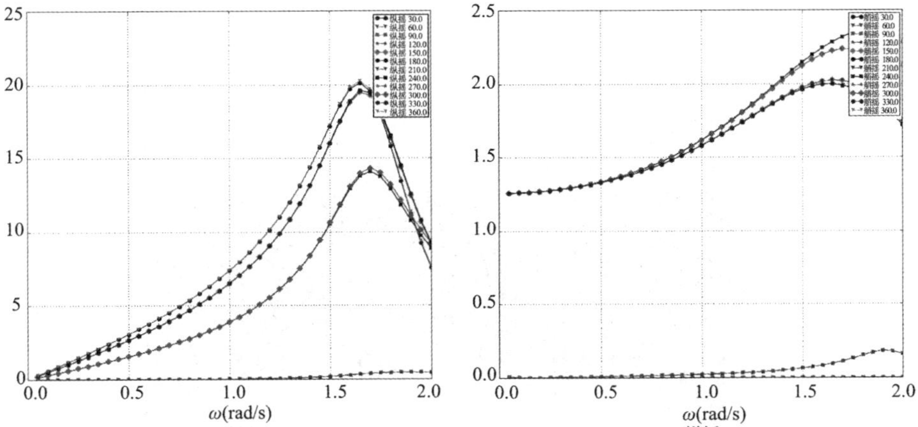

e)纵摇RAO　　f)艏摇RAO

图 4-7　45m³ 开体船 RAO

(2)时域响应

通过傅立叶变换,基于 RAO 曲线,得到了波浪作用角度为 30°,有效波高为 1.8m,谱峰周期为 15s 时的船舶时历曲线,结果如图 4-8 ~ 图 4-10 所示。从图中可以看出,当谱峰周期为 15s 时,船舶对应的运动量较小。其中垂荡运动的幅值为 1.6m,横摇运动的幅值接近 2.7°,纵摇运动的幅值接近 5°。

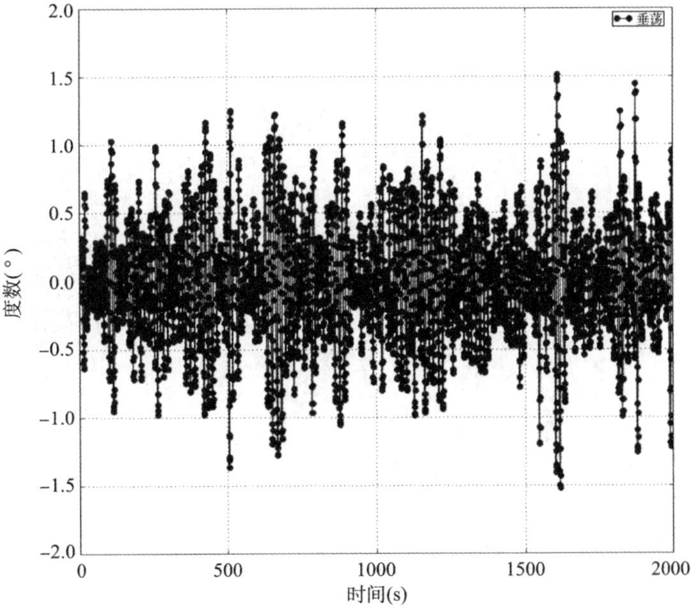

图 4-8　45m³ 开体船垂荡运动时间历程

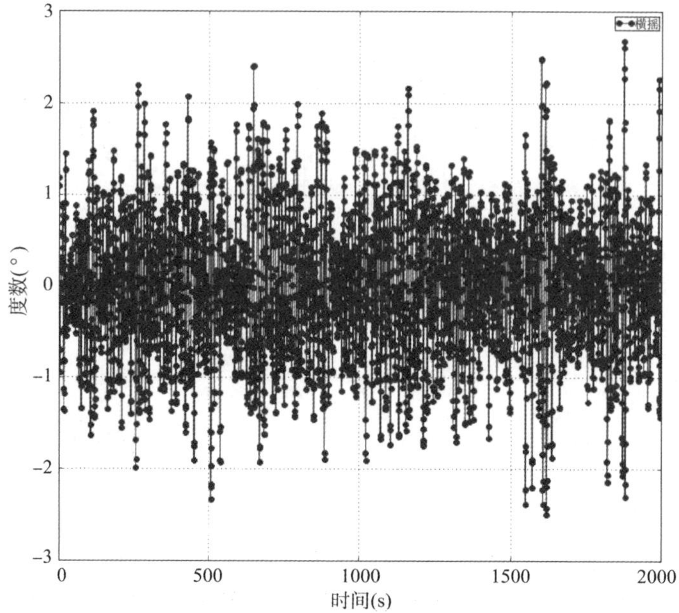

图 4-9　45m^3 开体船横摇运动时间历程

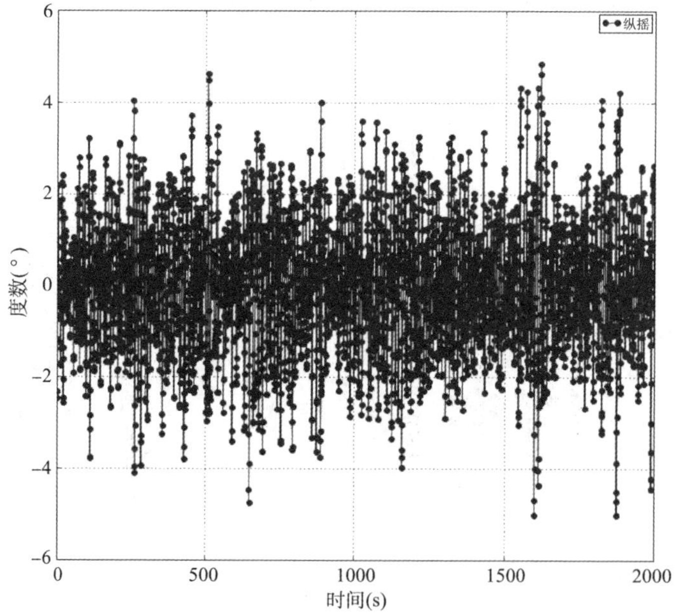

图 4-10　45m^3 开体船纵摇运动时间历程

4.2 小型开体驳水下抛石粗控

常规的防波堤水上抛填施工主要包括如下几个工序:块石备料装船、定位船定位、开体驳靠定位船抛石、开体驳返回码头装船、定位船移船重新定位、验收(图 4-11)。但在印度洋海域的常年强浪环境下,大型的施工船舶如大型开体驳、定位船均无法适用。通过借鉴国内港池小开体驳定位抛填的施工模式,采用浮标定位与小型开体驳联合施工的水上抛填模式,有效克服了常年强浪环境的不利影响。

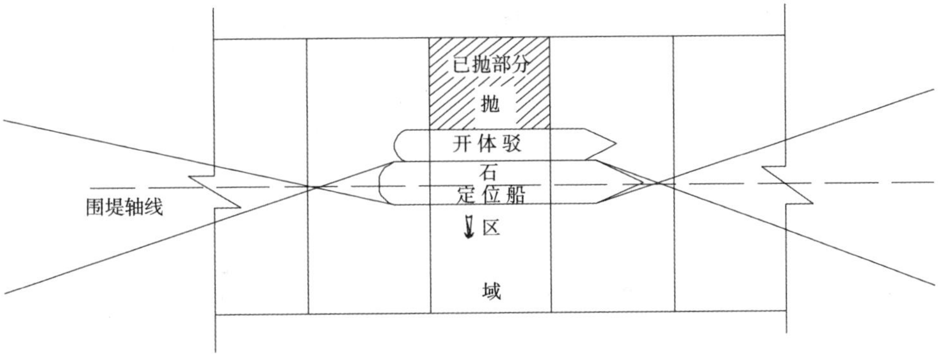

图 4-11 国内常规防波堤水上抛填示意图

浮标主要由混凝土墩、尼龙绳和竹竿组成,竹竿顶部挂不同颜色旗帜以标示不同抛填部位。竹竿的受力面积小,即使在较大波浪作用下位置也会比较固定,自然状态下 2 个月不会破坏,起到了很好的辅助定位作用。且该浮标系统视觉效果明显,开体驳压过浮标时不会损坏开体驳螺旋桨,施工时安全系数高;造价低廉,布置方便简单,因此在常年强浪环境下得到了较为广泛的应用。如图 4-12 所示的为印尼 Adipala 防波堤水上抛填的浮标定位系统。

小型开体驳的容量仅为 45m^3,通过工程的检验,发现波高在 1.8m 下(每月有效日作业天数达 70% 以上)小型开体驳均具有良好的适用性,而 4 艘开体驳日最大抛填量达 100 船次约 4000m^3。如图 4-13 所示,开体驳装载完成自航至需抛填区域,根据竹竿浮标定位标识,放慢航速进入开体驳抛填船位区进行卸载,施工时根据船舶航行速度及相关海况做好提前量控制,以确保块石能够抛填至指定区域内。季风期水流较急,大浪出现频次较高的情况下,开体驳每月仍有大部分时间可以进行作业,填补了季风期陆上不能施工所带来的工期损失。

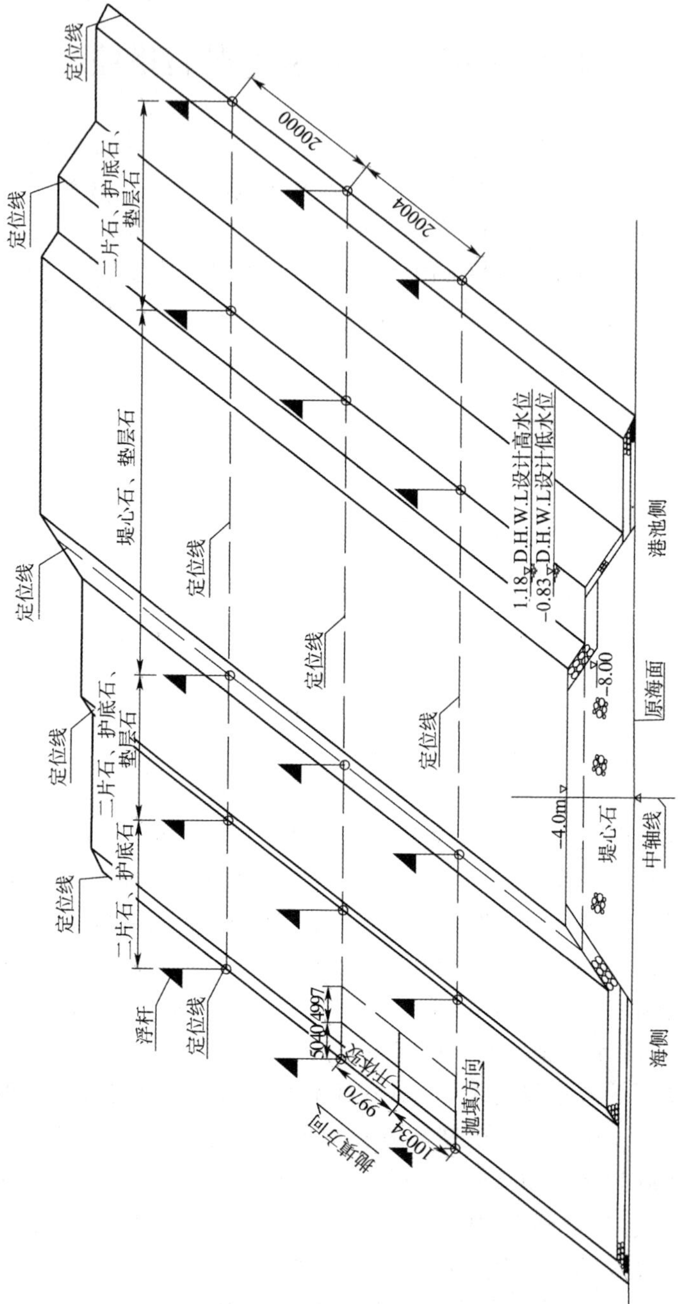

图 4-12 浮标定位系统（尺寸单位：mm）

图4-13　小型开体驳施工方式

浮标定位与小型开体驳联合施工的水上抛填模式可以应用于堤心石、二片石和护底石的抛填，在常规水上抛填无法施工的常年强浪环境下，此方法极大地减缓了陆上推填压力，加快了防波堤推进速度。

4.3　小型开体驳半潜式辅助平台定位系统开发

针对长周期波浪条件下的防波堤建设，我公司开展了大量的试验研究工作，并开发了半潜式深水施工平台。

4.3.1　半潜式深水施工平台

一种半潜式深水作业平台，整体尺寸和效果示意图如图4-14、图4-15所示。

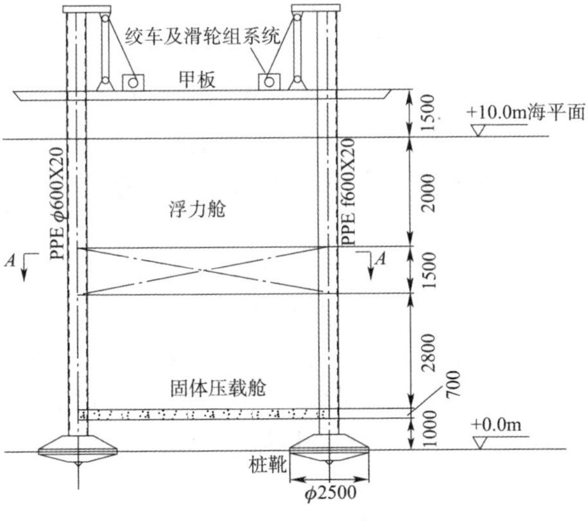

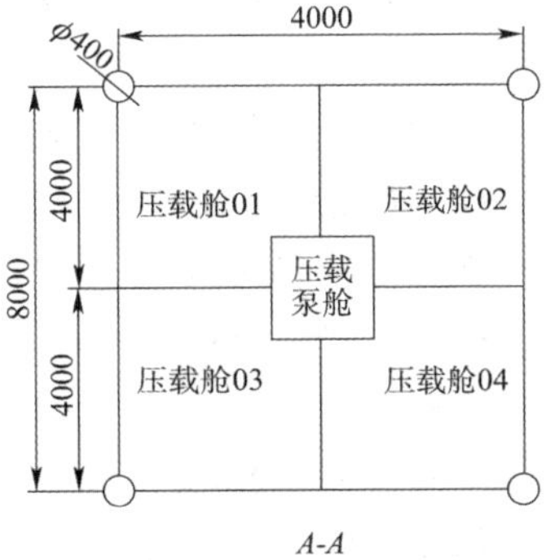

图4-14　平台整体尺寸示意图(尺寸单位:mm)

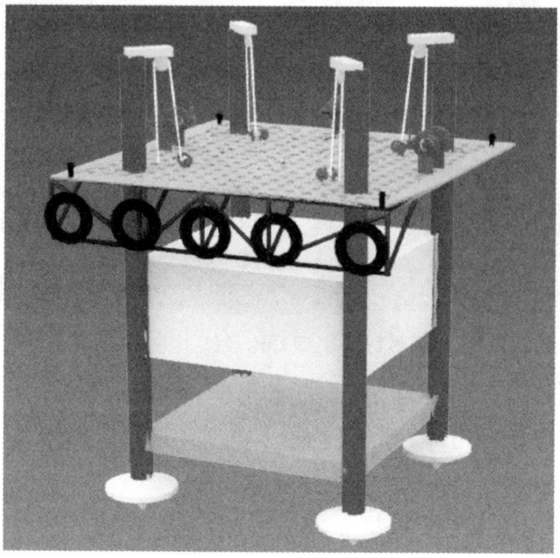

图 4-15 平台效果示意图

注明：

（1）管材、平接焊采用熔透焊缝，其他焊缝角焊；

（2）浮力舱分四个舱室，密封；

（3）4 根立柱不注水，立柱与桩靴之间采用密封；

（4）固体压载可采用钢壳混凝土形式。

4.3.1.1 总体性能

（1）船型、航区及用途

本平台为半潜形式，无动力装置，用于沿海港口、低风浪区域定位靠泊作用。可自浮与水面进行拖航转移作业区域，拖航至指定作业区域后打入压载水坐底就位，水深宜不小于 10m，波高宜不大于 1.5m，基底宜平坦，以砂质地质为宜。

（2）主要尺度及参数

立柱直径：0.6m	立柱间距 L：8m
桩靴直径：2.5m	立柱高度：14m
压载舱尺寸：8m × 8m × 0.7m（混凝土压载）	浮力舱尺寸：8m × 8m × 3.5m
甲板尺寸：12m × 12m	甲板高度：12.00m，可调节
作业水深 d：8 ~ 12m	作业区域：沿海港口

（3）稳性

上浮、下潜过程的稳性及按 ABS《MOBILE OFFSHORE DRILLING UNITS 2008》

对航行于半潜平台的有关要求进行计算。

4.3.1.2 船体结构

(1)设计依据

本船船体结构按ABS《MOBILE OFFSHORE DRILLING UNITS 2008》对半潜式平台结构的有关内容进行设计。

(2)平台结构形式及主要构件

本平台结构为板材结构与管材结构相结合。

4.3.1.3 舾装设备

锚泊设备:甲板备3个锚,单个锚总质量35kg,钢索总长500m,链径ϕ10mm;

发电设备:柴油发电机一台;

升降设备:4套绞车+动滑轮组,每套滑轮组起重10t;

救生设备:救生衣1件,救生圈1个(其中带救生浮索1只);

消防设备:手提式泡沫灭火器2个。

4.3.1.4 压载设备

压载系统一套,供4个压载舱打、排压载水。

4.3.1.5 信号设备

(1)定位设备:DGPS一台。

(2)航标灯一台。

4.3.1.6 适用条件

波高<1.5m;

周期<15s;

水深10~20m;

靠泊开体驳<45m^3;

地基为砂质地基。

4.3.2 半潜式平台作业流程示意

4.3.2.1 平台整体效果示意图

平台整体效果如图4-16所示。

4.3.2.2 拖航

将浮力舱压载水排空。

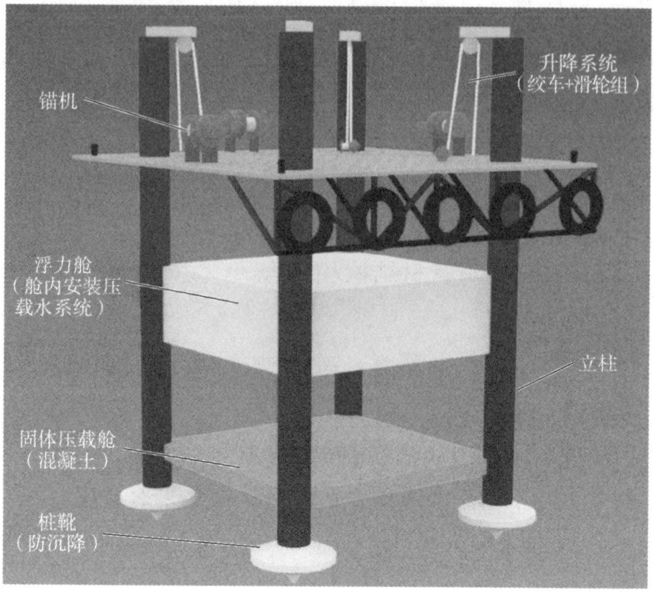

图 4-16　平台整体效果示意图

通过升降系统将甲板高度调整到高于水深 1.5m 位置。

平台可漂浮于水面，由小开体驳进行拖航，如图 4-17 所示。

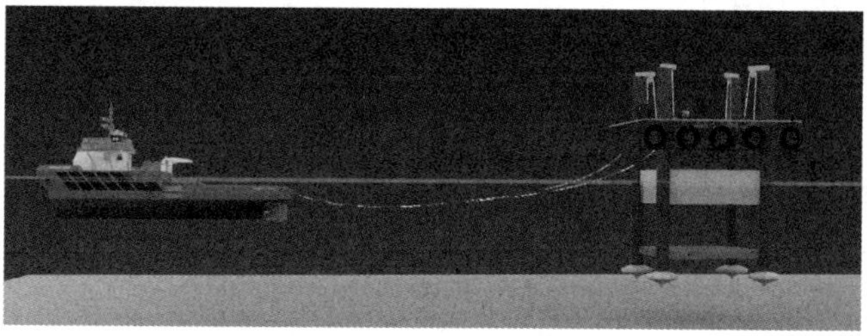

图 4-17　平台拖航效果示意图

4.3.2.3　施工区域定位

下放平台前，根据扫海测量资料观察海底状况，抛锚。

浮力舱打入压载水，平台下潜，通过锚链系统配合压载系统移动平台作业位置。

稳定后，管桩落地，将甲板调整至高于水面 1.5m，如图 4-18、图 4-19 所示。

4.3.2.4　小开体驳靠泊

平台定位完成后，小开体驳缓慢靠泊，如图 4-20 所示。

图4-18 平台下潜示意图

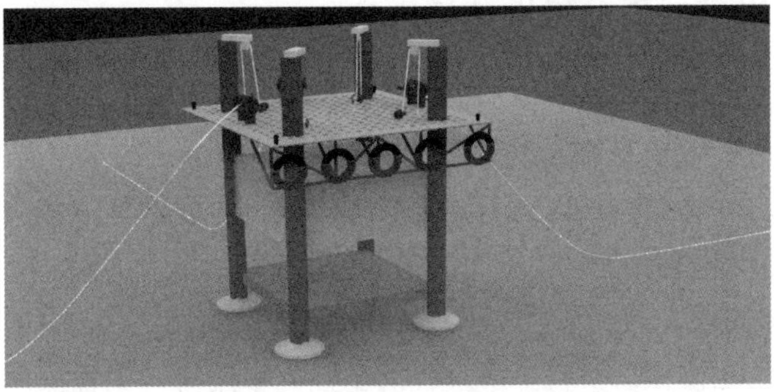

图4-19 平台定位调整示意图

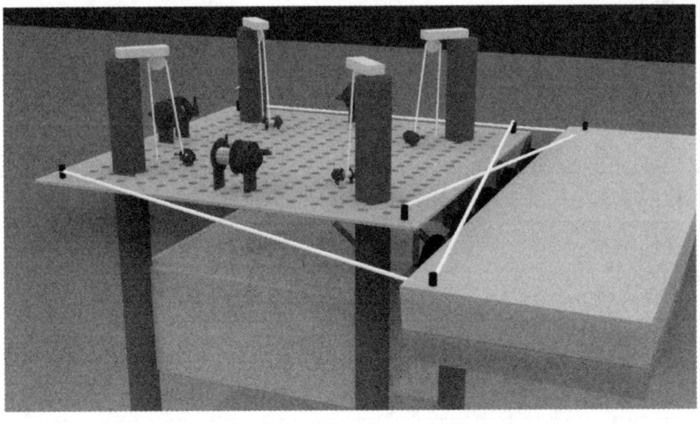

图4-20 小开体驳靠驳平台示意图

4.3.2.5 平台移位

一个区域抛填完成后,移位下一抛填位置,如图4-21所示。

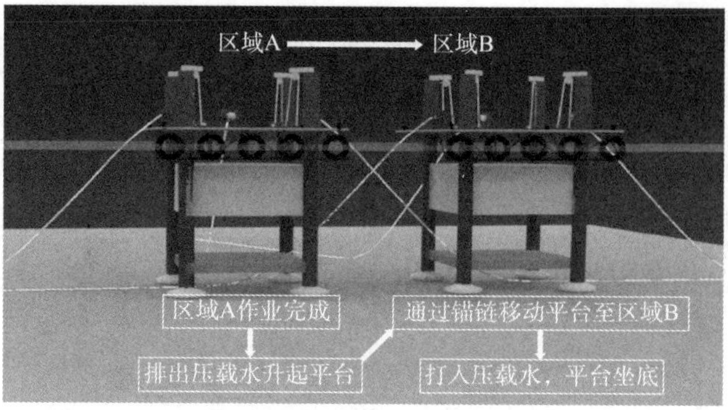

图 4-21　平台移位调整示意图

4.3.3　半潜式平台稳性分析报告

4.3.3.1　概述

平台在拖航、下潜、上浮过程中需要进行稳性分析。由于上浮和下潜过程相同，拖航为下潜过程的起点，因此只需进行下潜或上浮操作的稳性分析。

4.3.3.2　拖航评估

(1)计算说明

本报告目的是校核岛平台下潜过程的稳性。采用海洋工程操作及稳性分析软件 MOSES 进行模拟。

(2)平台参数

平台结构主要参数用于运输稳性分析。如表 4-3 所示。

平台主要参数　　表 4-3

参　　数	单　　位	设 计 值
拖航吃水	m	7.1
在位吃水	m	10.0
立柱直径	m	0.8
立柱高度	m	14.0
立柱根数	m	4.0
桩靴—固体压载舱间距	m	1.0
固体压载舱长	m	8.0
固体压载舱宽	m	8.0

续上表

参　　数	单　　位	设 计 值
固体压载舱高度	m	0.7
浮力舱—固体压载舱间距	m	2.8
浮力舱高度	m	3.5
甲板高度	m	11.5
甲板长	m	12
甲板宽	m	12
在位水线面面积	m^2	2.0
桩靴直径	m	2.5

4.3.3.3 稳性分析

(1)舱室及自由面影响

舱室布置见图4-22。如果一个压载舱仅部分填充,舱室中液体的运动将会降低船体的稳性。当船体倾斜时,液体的重心移动到舱室更低的一侧,这将减小回复力臂和回复力矩,或等价于升高了船体的重心。这个升高或自由面修正加入了船体的重心高,导致了重心到稳心的距离等价减小。

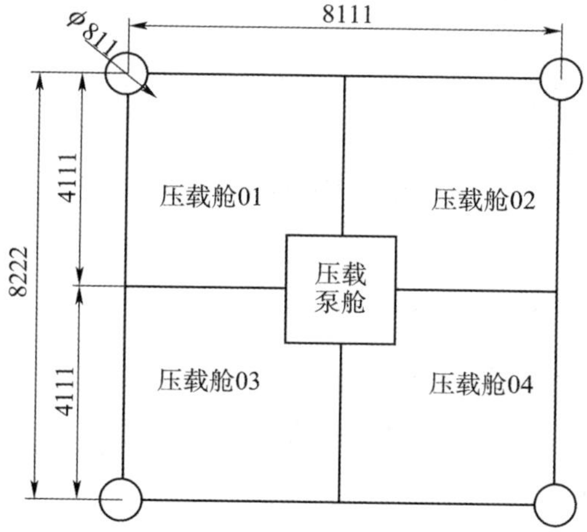

图4-22 平台浮力舱布置图(尺寸单位:mm)

(2)静水力表

计算得到的静水力参数如排水量、垂向浮心高、稳心高、稳心半径、水线面面积等列于附录A。

(3)进水点

平台立柱顶端密封,无进水点。

(4)风荷载

完整稳性下,运输船能够抵抗风速不低于100节的台风海况,破舱稳性能够抵抗不低于50节风速。

根据甲板尺寸估算受风面积:

甲板受风面积:$A_x = A_y = 18\text{m}^2$;

立柱受风面积:$A_x = A_y = 12.8\text{m}^2$。

(5)重量和压载

拖航状态下,平台重量见表4-4,压载舱为空舱。

平 台 重 量 表4-4

项 目	重量(t)	重心高度(m)	项 目	重量(t)	重心高度(m)
立柱钢结构	22.1	7.00	压载舱钢结构	11.2	1.35
Topside	33.1	12.00	浮力舱钢结构	56.0	6.25
浮力水舱	0.0		总重	229.9	4.62
压载舱(混凝土)	107.5	1.35			

4.3.3.4 稳性结果

对平台下潜过程模拟,拖航状态下浮力舱从0开始打入压载水,并得到不同吃水下的GM值,见表4-5。

不同吃水下的初始稳心高度 表4-5

吃水深度(m)	GMT(m)	GML(m)	吃水深度(m)	GMT(m)	GML(m)
7.1	1.81	1.81	7.95	1.66	1.66
7.1	1.81	1.81	7.98	1.67	1.67
7.78	1.62	1.62	8.43	0.47	0.47
7.81	1.63	1.63	9.64	0.5	0.5
7.84	1.64	1.64	9.82	0.5	0.5
7.88	1.65	1.65	10.12	0.51	0.51
7.91	1.65	1.65			

对于拖航工况进行完整稳性和破舱稳性分析。由于平台没有进水点,完整稳

性分析只要保证 GM >0 即可。由表4-5 可知,拖航工况下 GM = 1.81m。

假定一个舱室进水,得到破舱状态下的稳性结果见表4-6。

破舱稳性结果 表4-6

受损状况			单位
吃水深度	=	7.79	M
横摇	=	-33.62	Deg
纵摇	=	29.44	Deg
重心	=	4.62	M
轴线角	=	0	Deg
风速	=	50	Knots
稳定要求			
GM	=	0.58≥0	通过

4.3.4 半潜式平台稳性分析报告

4.3.4.1 概述

定位平台用于为投石驳船进行靠泊、精确定位,并且能够随时更换作业地点。作业水深10m。

技术要求:定位运动范围不超过 ±0.5m;易安装、易迁移;可以靠泊 $45m^3$ 驳船。

根据给定的技术要求,通常认为采用半潜式平台及锚泊系统可以满足定位要求,但是通过分析发现,在水深只有10m 的情况下,波长很长,锚泊定位系统无法保证在 ±0.5 范围内运动。因此综合考虑后,采用坐底式平台方案进行定位。

4.3.4.2 设计输入

(1)平台主尺度设计

为减小平台受到的波浪力,平台定位为半潜式的坐底平台,减小水线面附近的浮体尺寸,但减小水线面的同时也会对稳性不利,这就需要综合分析考虑,最后确定主尺度。

为保证上升下沉过程中的稳性,需尽可能地降低重心并增加立柱的直径。通过综合考虑各方面的技术参数,得到的主尺度见表4-3。

平台波浪荷载模拟采用 Orcaflex 软件,同时考虑驳船靠泊过程中与平台的耦合相互作用,浮力舱及驳船水动力系数由商业水动力软件分析得到,数值模型见图4-23、图4-24。

图 4-23　平台数值模型

图 4-24　考虑驳船靠泊情况耦合作用的数值模型

(2)平台重量

平台抗滑移及抗倾覆分析针对在位工作工况。此时平台所使用的重量见表 4-7，此表中所列的重量均为干重，干重减去浮力即为湿重。平台基线为立柱底端。

在位工况重量估算　　表 4-7

项　目	重量(t)	重心高度(m)
立柱钢结构	22.1	7.0
Topside	33.1	12.0
浮力舱—压载水	206.6	6.3
压载舱(混凝土)	107.5	1.4
压载舱钢结构	11.2	1.4
浮力舱钢结构	56.0	6.3
Total Weight/Load	436.6	5.39

(3)材料属性

钢材密度：7.85t/m^3。

混凝土密度：2.40t/m^3。

屈服极限：315MPa。

钢材泊松比：0.3。

(4)设计水深

平台所处的位置的设计平均水深为 10m。平台甲板可由升降系统进行上下调节，因此可以适应一定范围内不同的水深(范围由升降系统决定)。

(5)环境条件

平台作业海域为近海岸附近,波浪为涌浪。

波高 $H=1.8\text{m}$;

波浪周期 $T=15\text{s}$;

流速 $U=0.5\text{m/s}$。

4.3.4.3　设计准则

平台抗滑移及抗倾覆的许用安全系数如表4-8所示。

设计安全系数

表4-8

工　况	许用安全系数	工　况	许用安全系数
在位抗滑移	2.0	在位抗倾覆	2.0

4.3.4.4　分析方法

平台上的荷载通过Orcaflex软件生成,荷载成分包括浪和流。岛礁平台基础的脚印为一正方形,在长度方向和宽度方向抗倾覆的能力一致。平台的抗滑移能力无方向性,因此本书中的环境荷载沿着平台的任意长度或宽度方向。

抗滑移校核

$$H=\mu F_{\text{V}}$$

$$F_{\text{H}}=\sqrt{F_{\text{X}}^2+F_{\text{Y}}^2}$$

安全系数

$$S_{\text{F}}=\frac{H}{F_{\text{H}}}>2.0$$

式中:μ——摩擦系数;

F_{V}——平台和模布之间的垂向荷载(湿重);

F_{H}——水平荷载(环境荷载)。

摩擦系数取0.5。

抗倾覆校核

$$M_{\text{S}}=F_{\text{Z}}H_{\min}$$

安全系数

$$S_{\text{F}}=\frac{M_{\text{S}}}{M_{\text{O}}}>2.0$$

式中:M_{S}——平台竖向力(如湿重)引起的回复力矩;

F_{Z}——平台的竖向力;

$H_{\min}$——竖向力重心到平台基础边缘的最小距离;

M_0——环境荷载导致的倾覆力矩。

4.3.4.5 抗滑移及抗倾覆分析结果

平台环境载荷通过 Orcaflex 计算得到。分别对平台的抗滑移能力及抗倾覆能力进行校核,表 4-9、表 4-10 列出了校核结果,可以看到在所有工况下平台的抗滑移和抗倾覆能力都能满足要求。

抗滑移工况分析结果　表 4-9

工况	摩擦系数	竖向荷载(t)	水平荷载(t)	安全系数	许用安全系数	是否满足要求
抗滑移	0.5	140.4	33.4	2.10	2.0	是

抗倾覆工况分析结果　表 4-10

工况	重心到边缘距离(m)	竖向荷载(kN)	倾覆力矩(kN·m)	安全系数	许用安全系数	是否满足要求
抗倾覆	4	138.1	274.5	2.01	2.0	是

4.4 本章小结

本章结合印尼项目小型开体驳应用实例,探讨长周期波浪环境下船舶的动力响应特征,并针对小型开体驳建立水动力模型,进行动力响应计算分析,展现特定周期下小型开体驳关键自由度的变化特征,论证小型开体驳的适用性;综合项目经验,提出开体驳应用的关键控制要点,可以为类似项目提供良好借鉴。

采用浮标定位与小型开体驳联合施工的水上抛填模式,有效克服了常年强浪环境的大型施工船舶不能施工的限制。同时,介绍的长周期波浪条件下防波堤建设新技术是现有技术体系的完善和补充。其中,半潜式深水施工平台主要与小型开体驳水上抛填相配合,一方面起到抛填辅助定位的作用;另一方面,可在平台上的施工机具可开展水下整坡等辅助工作,有利于提高长周期波浪条件下的防波堤施工速度。

第 5 章　长周期波浪条件下防波堤建设技术应用示范

长周期波浪条件下防波堤建设技术成功应用于印度尼西亚 Adipala 东防波堤工程和 Gama 防波堤工程。该技术的应用极大地提高了强浪环境下防波堤的施工效率，减少了工程损失，缩短了施工工期，产生了巨大的社会和经济效益。

5.1　印尼 Adipala 东防波堤工程

5.1.1　工程概况

印尼 Adipala 东防波堤工程位于印度尼西亚中爪哇省芝拉扎市区的南岸，南临印度洋，东防波堤为斜坡式抛石全断面扭王字块防护式结构，全长 1530m，防波堤施工防波堤堤顶高程按容许少量越浪设计，堤顶高程为 3.50 ~ 7.28m，堤顶宽度取 7.40 ~ 9.89m，斜坡坡比为 1:1.5，泥面高程为 -13.51 ~ -2.0m，堤心石采用抛填 10 ~ 500kg，自堤根向堤头护面结构采用单层 2.0 ~ 25t 扭王字块体进行防护。由于设计堤顶较窄，无法满足堤顶机械交叉施工要求，故施工工艺设置为加宽堤顶进行陆上推填与外侧扭王字块体安装，待施工至堤头后，再回挖内侧超宽部分进行内侧与堤顶的倒退施工；受堤根处于波浪破碎带影响，外侧二片石垫层及护底块石采用 280T 起重机陆上抛填施工，0 + 800m 至堤头区域采用小型开体驳进行抛填。

平面布置见图 5-1。其中西防波堤直段堤长 575m，东堤长于西堤，其堤头位于 -13.5m 等深线附近，口门宽度约 255m，航道和港池开挖至 -13.0m。

5.1.2　主要技术应用

5.1.2.1　波浪条件分析应用

选择 Adipala 附近的 11 个月的波浪实测资料进行分析，由于在开始的 4 个月中，波浪的方向是通过目测近岸得到的，应用大范围的波浪预报进行了修正。波浪的主方向在 S 向，雨季偏 SSE 的成分占 20% 左右，旱季偏 SSW 的成分占 20% 左右。旱、雨季的波高差别不大,大多数在 1 ~ 2m 之间。由于测波点在有部分掩护的湾内,地形坡度较缓,波浪的折射作用明显,波向集中,波高较外海也有较大幅度的衰减。如图 5-2、图 5-3 所示。

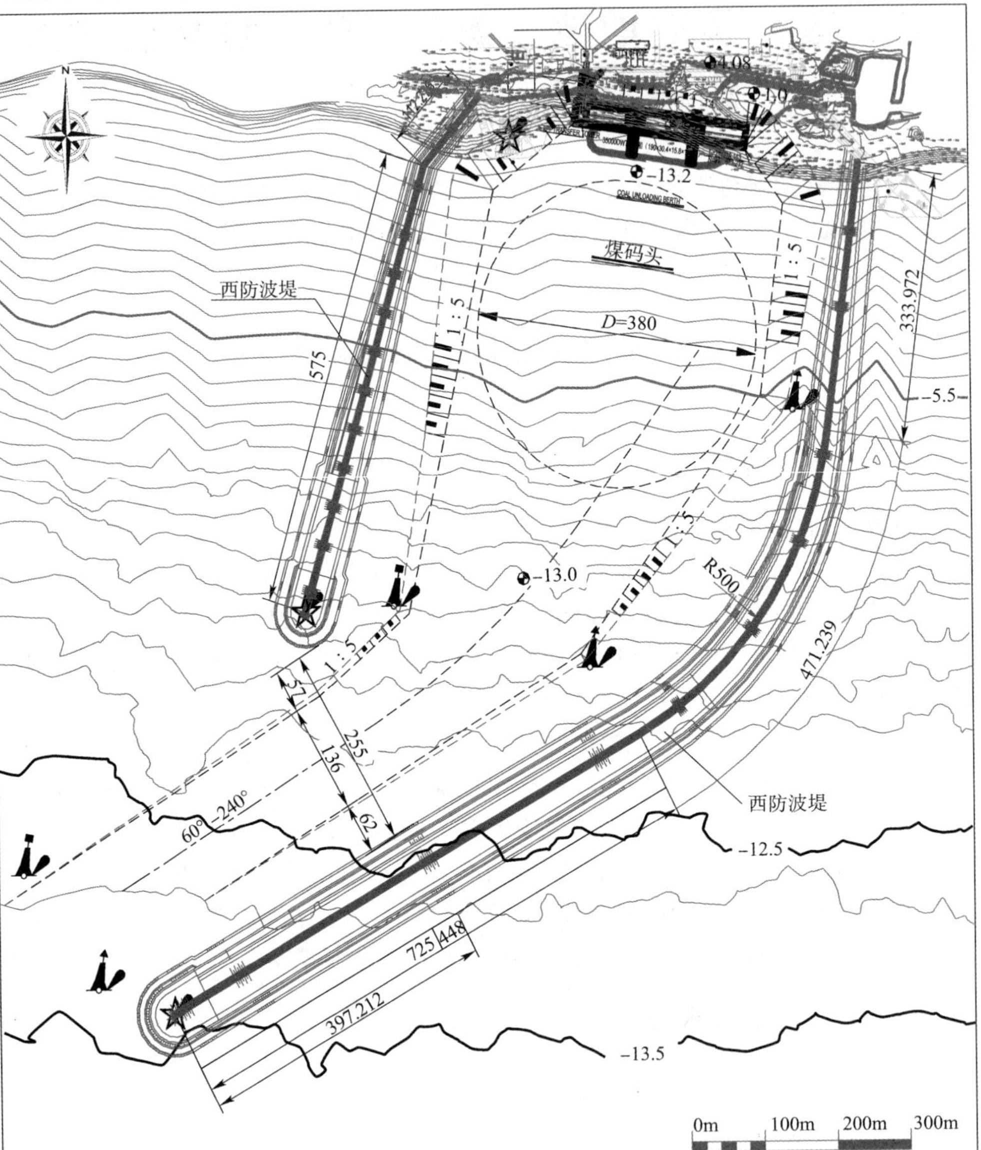

图 5-1　Adipala 设计方案平面布置(尺寸单位:m)

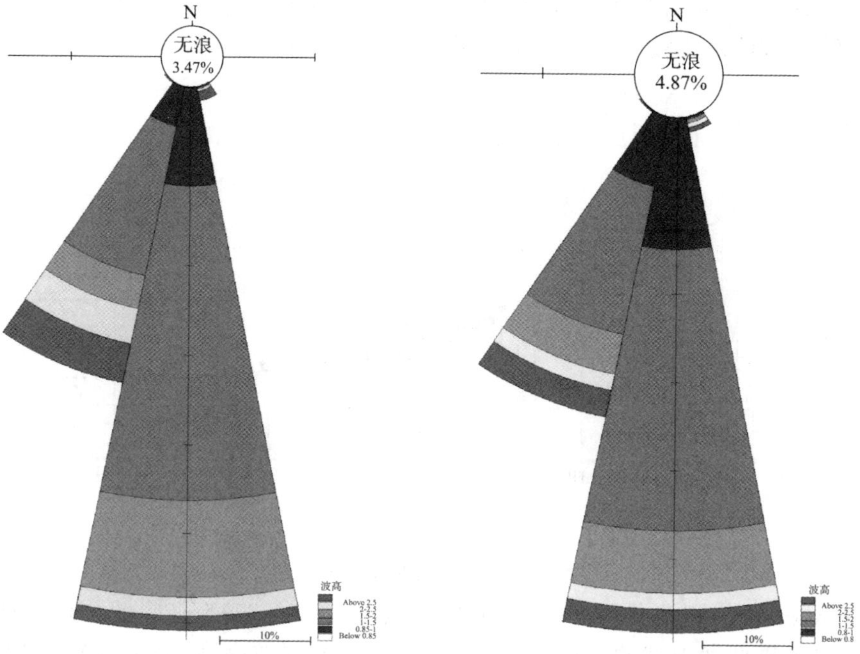

图 5-2　Adipala 波玫瑰(June&Oct.)

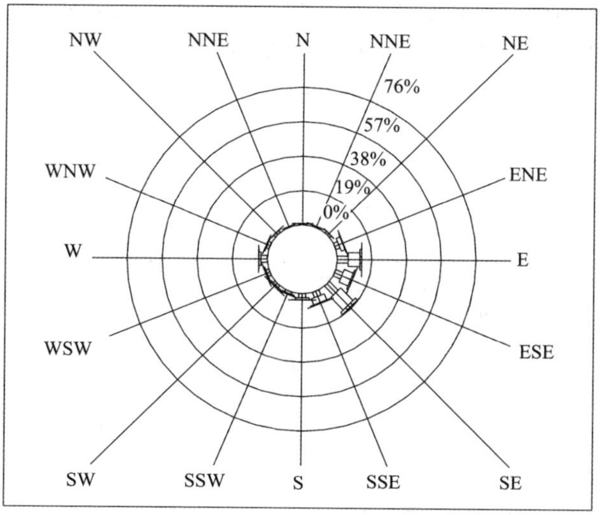

图 5-3　Adipala 气象站风玫瑰

建立了大范围风与工程区风之间的关系,并用实测的波浪与大范围预报波浪进行了验证,统计了20年的风的极值,推算得到了不同重现期的波浪结果,如图5-4所示。其外海波浪是比较大的,50年一遇达到了7.07m。

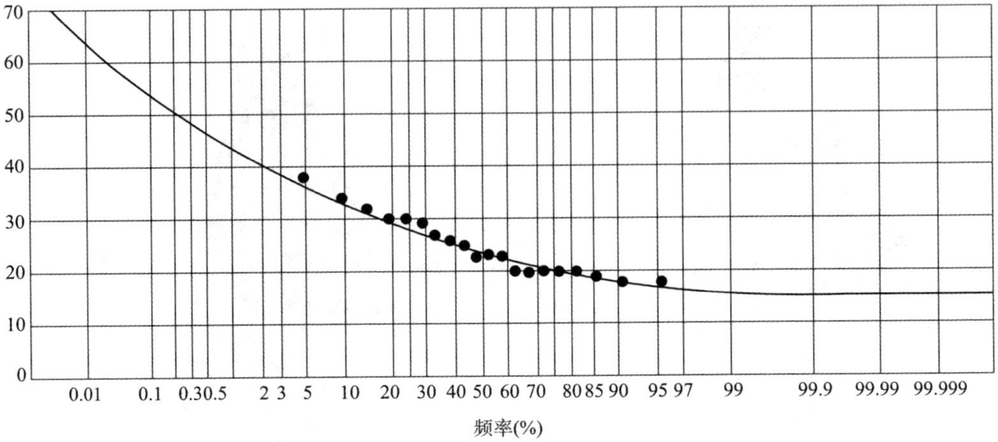

图5-4　2号风速PⅢ曲线适线结果

在Adipala的测波资料中,由于测量水深为-20～-15m,周期分析有比较多的破碎或长周期涌浪载的短周期风浪成分,往往出现波高大、周期比较短的现象,实际结果与肉眼观察有比较大的差别,这里选用一年多的预报资料进行分析。周期也多出现在14s左右,在此基础上对不同重现期波浪的周期给出了一个区间,这个区间的跨度较大,大多数为10～20s。如图5-5和表5-1所示。

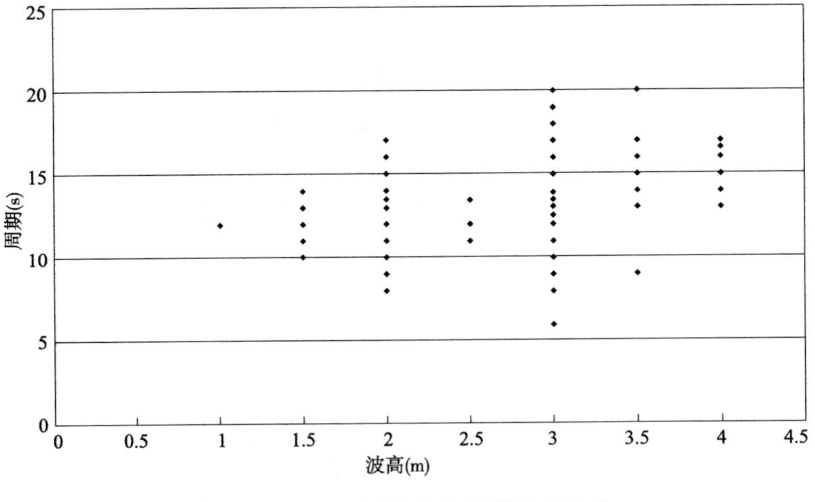

图5-5　Adipala预报资料波高周期分布关系

Adipala-40m 等深线位置处周期(单位:s) 表5-1

重现期	有效周期期望值	置信概率为0.95的置信区间	重现期	有效周期期望值	置信概率为0.95的置信区间
50a	18.30	[14.56~22.04]	5a	16.55	[12.81~20.29]
25a	17.91	[14.17~21.65]	2a	15.19	[11.45~18.93]
10a	17.22	[13.48~20.96]			

本书给出12个月Adipala波浪测量结果,在这之前的2个月的测量中规律是相近的。在这份资料中,周期多在12s左右。这份资料还给出了有效波周期的数值,与平均周期相比,其大小比例在1.2倍以上,这也反映了波浪中有涌浪与短周期波浪混合的可能。如图5-6~图5-17所示。

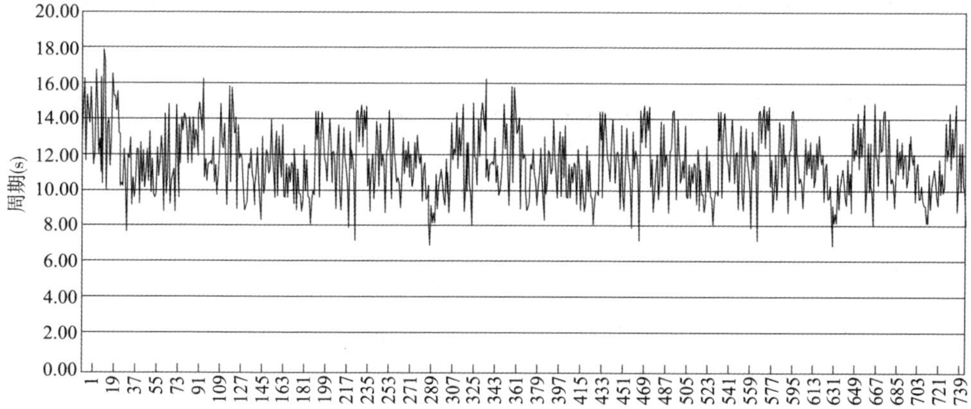

图5-6 Adipala实测波周期过程(1月)

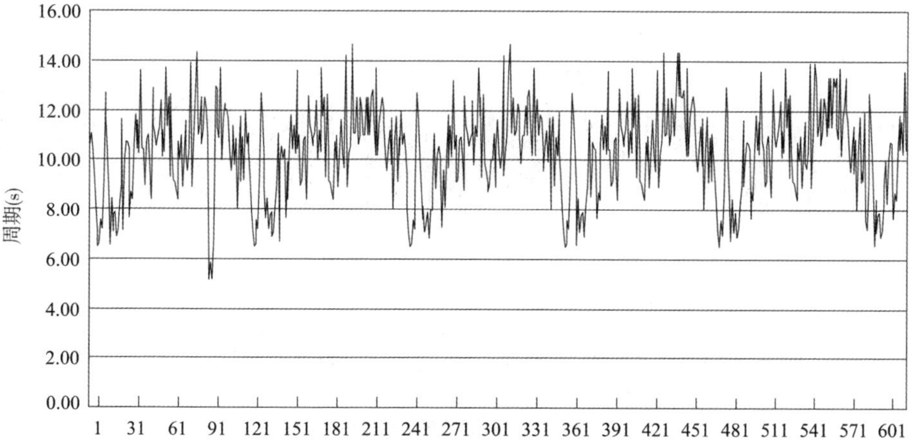

图5-7 Adipala实测波周期过程(2月)

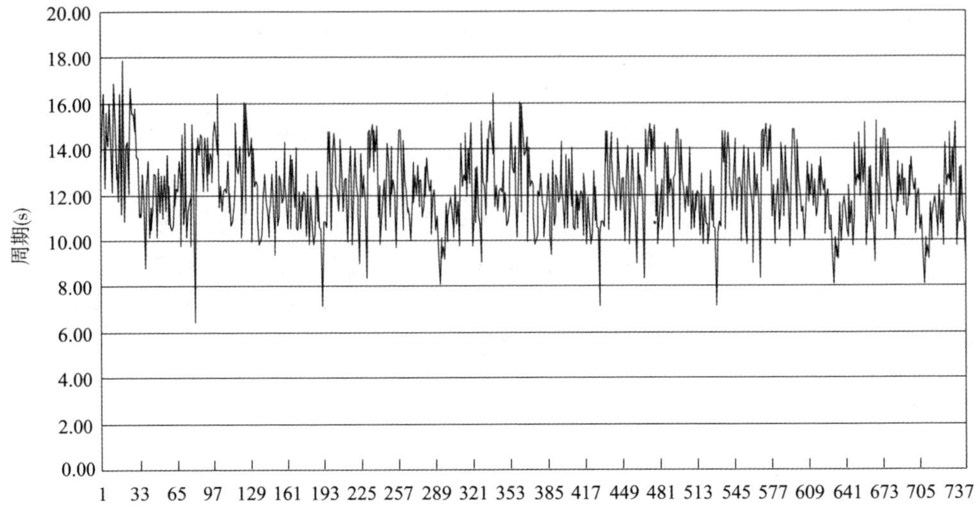

图 5-8 Adipala 实测波周期过程(3 月)

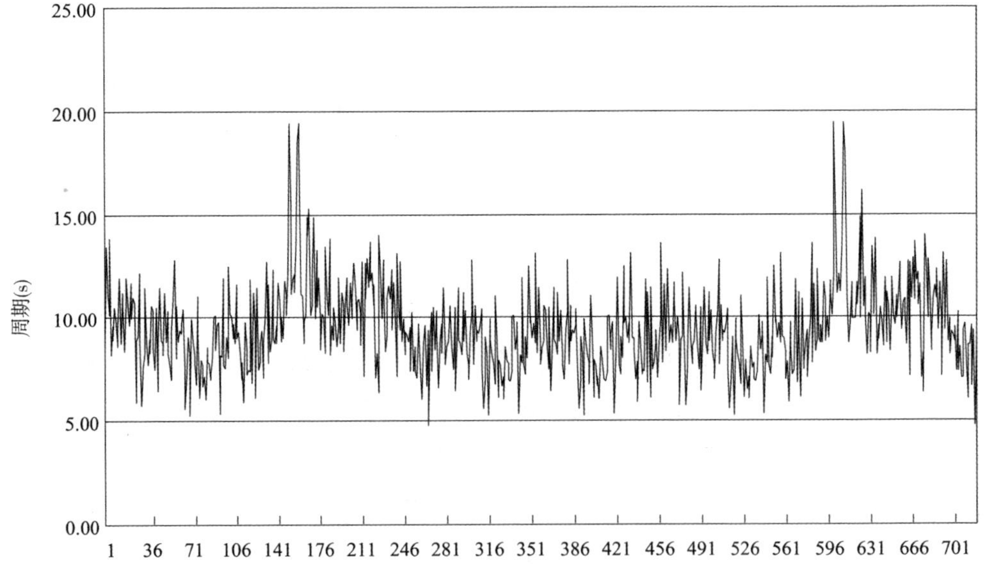

图 5-9 Adipala 实测波周期过程(4 月)

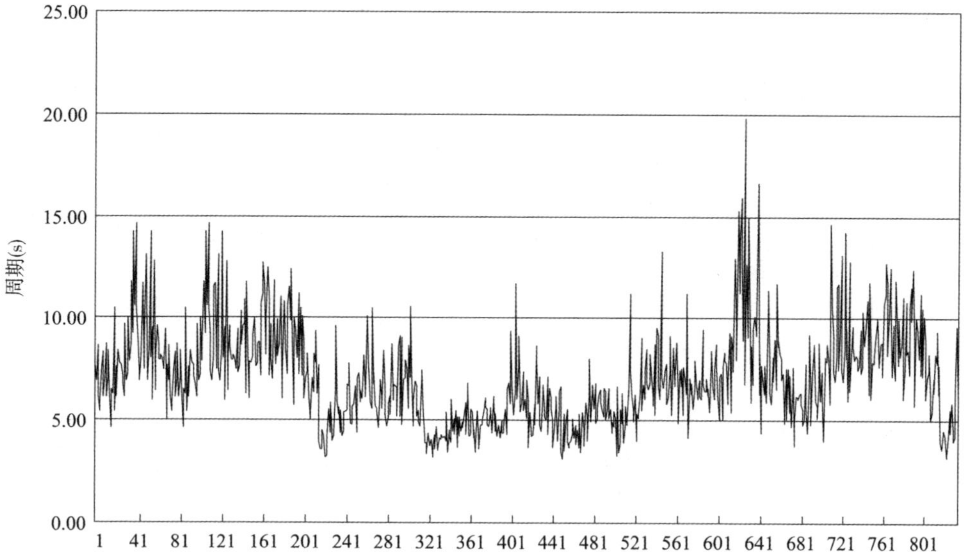

图 5-10　Adipala 实测波周期过程(5 月)

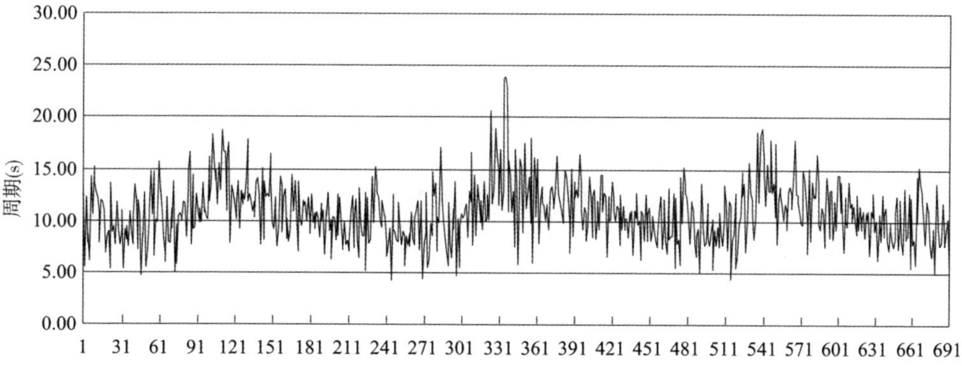

图 5-11　Adipala 实测波周期过程(6 月)

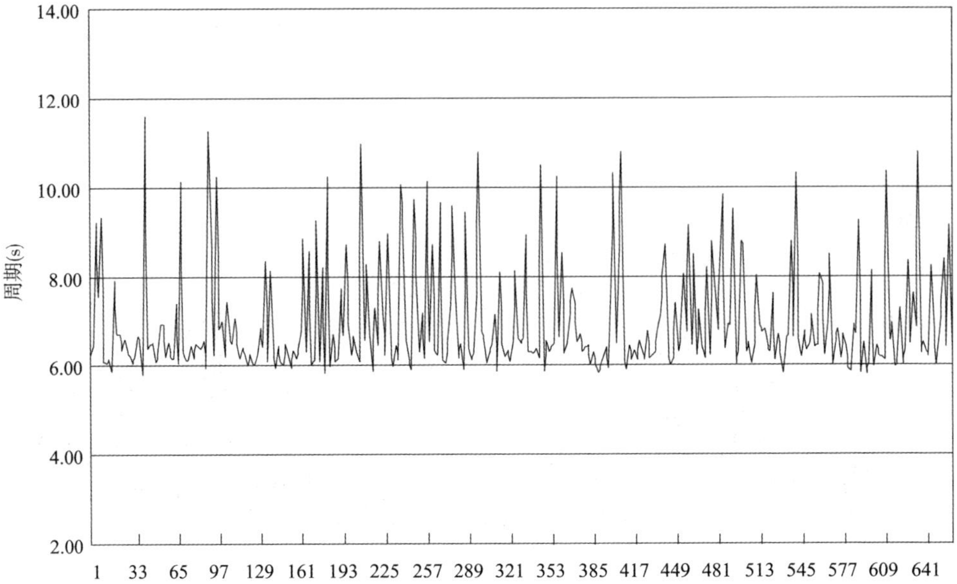

图 5-12　Adipala 实测波周期过程(7 月)

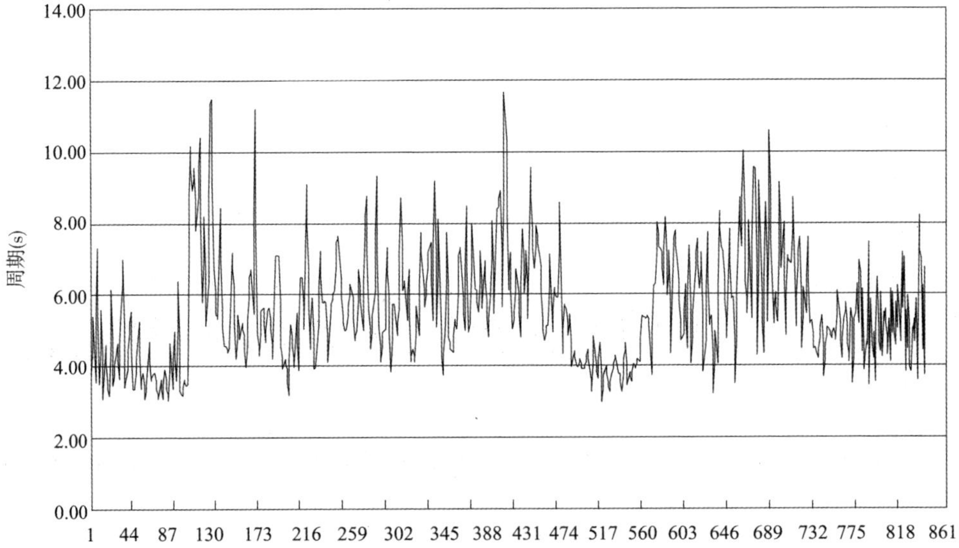

图 5-13　Adipala 实测波周期过程(8 月)

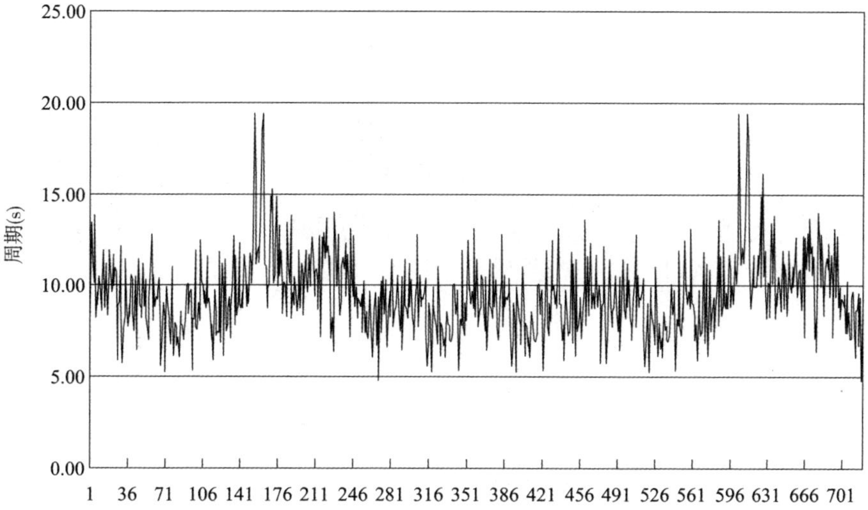

图5-14 Adipala 实测波周期过程(9月)

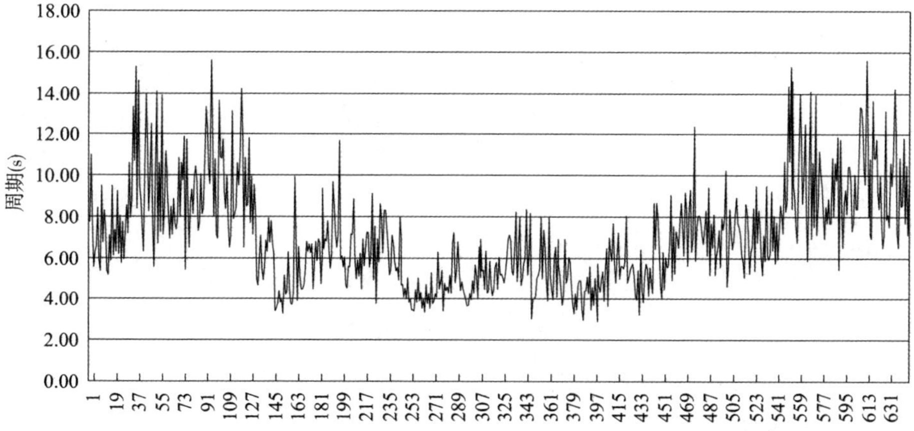

图5-15 Adipala 实测波周期过程(10月)

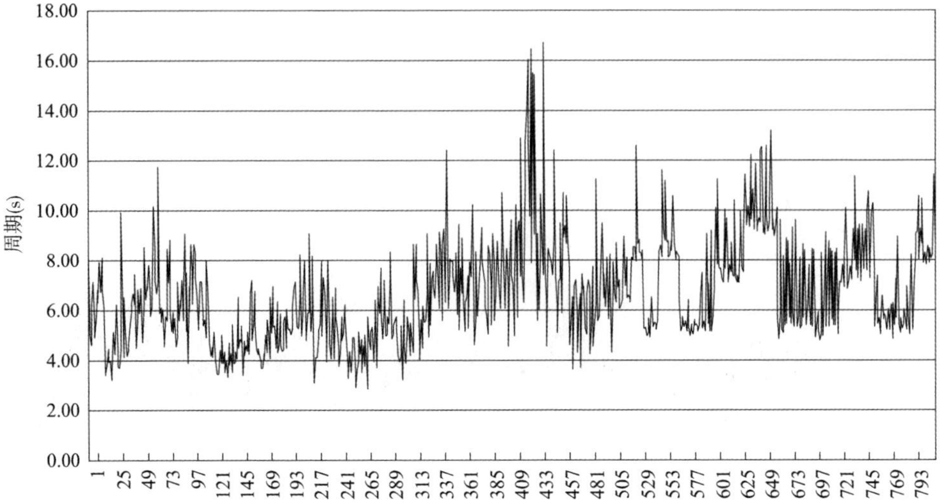

图 5-16　Adipala 实测波周期过程(11 月)

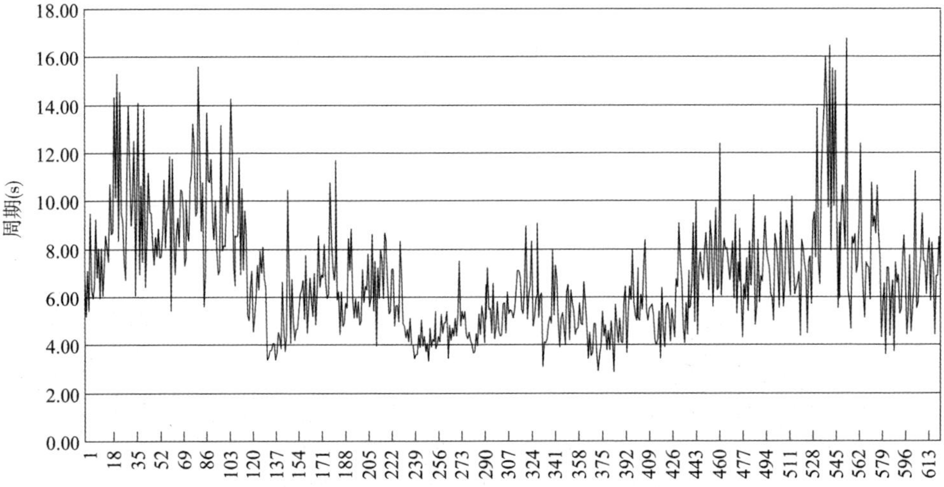

图 5-17　Adipala 实测波周期过程(12 月)

5.1.2.2　泥沙运动规律应用

(1)基本条件

采用动床物理模型,对 Adipala 的泥沙运动规律进行研究。按《波浪试验规程》(JTJ/T 234—2001)要求,沿岸输沙的波浪泥沙模型试验宜采用不规则波。采用规则波时,应选取代表波浪,其波要素可按下式计算:

$$H_* = \left(\frac{\sum H_i^2 p_i}{\sum p_i}\right)^{1/2} \tag{5-1}$$

$$\alpha_* = \frac{1}{2}\sin^{-1}\left(\frac{\sum H_i^2 p_i \sin 2\alpha_i}{\sum H_i^2 p_i}\right) \tag{5-2}$$

式中:H_*——波高(m);

H_i——测站资料大于泥沙起动波的量级为 i 的有效波高(m),泥沙起动波高可按现行行业标准《海港水文规范》(JTJ 213)的附录 P 计算;

p_i——测站资料对应为 i 量级的波高及波向的出现频率;

α_*——波向(rad);

α_i——测站资料对应为 i 量级的波向角(rad)。

由上述方法计算,考虑两个方向的主输沙,分别如下:

①偏东向:本区代表波高 1.17m,代表波向 S 向偏东 12.8°;

②偏西向:本区代表波高 1.75m,代表波向 S 向偏西 11.4°。

物理模型试验的预备试验中分别模拟了上述两个波向,但是对于港区淤积来说,上述两个波向又有所区别,最终选取其中的一个代表波向时由验证试验确定的,即以偏西向浪为主要控制条件,具体原因如下:

①本工程和邻近用以验证的 S2P 电厂港池口门均朝向西,采用偏西向浪是最不利波向。

②由于现有 S2P 电厂的东防波堤对偏东向来浪的掩护相对较好,而相对于取水口、港区口门朝向而言,偏西向来浪更易影响上述水域。

因此,动床物理模型从泥沙运动对港区淤积影响考虑,主要模拟偏西向的来浪,以复演 S2P 电厂取水口和港池泥沙运动对工程的影响情况,并在此基础上进行 Adipala 电站港区方案的检验。

结合本区对应起动波高计算结果,0.5m(周期 12s)波高即可满足 7.5m 水深处的起动条件,因此物理模型中波浪是主要动力因素,而选取上述计算代表波高是可以满足起动要求的。

由潮流实测资料表明,本海区流速较小,根据前文起动流速估算,起动流速至少为 0.36m/s,远大于实测值,表明本区单纯的水流动力难以使泥沙发生输移运动,由此判断海岸泥沙的主要动力因素为波浪,同时考虑到涨落潮水流特别是向岸的涨潮水流及电厂取水口水流对泥沙淤积还是有一定作用的,因此本次模型试验将主要模拟波浪,对潮流作用加以简化。

另外,拟建工程区沿岸以东、以西均有河流,即东侧的 Bengawan、Ayah 与西侧的 Serayu 河,其中 Serayu 河,其流域面积最大、河道最宽,距离拟建工程也最近(约

4.2km),入海段河势向西南倾斜,口门宽150~640m,如前文统计资料,平均流量 $172m^3/s$。

根据前期数模分析结果,由于本区潮流动力很弱,河口泥沙需要通过波浪起动再输移形成扇形扩散,特别是工程建设后,将在改变沿岸输沙的分配同时改变河口沙坝的演变形态,可能造成的结果是,沙坝变形甚至被冲开,使得Serayu河下泄沙量提早输移并对工程区产生影响,对此Serayu河口将在本模型中予以模拟,同时考虑到近岸及现有S2P电厂淤积物并非径流悬沙落淤所致,因此河口的模拟将以复演河口径流流量、沙嘴形态和床面底质为主。

根据现场底质取样分析,海床沉积物主要包含粉砂质砂、砂质粉砂、中砂、细砂和粗砂等类型,全部样品的中值粒径分布在0.005~0.729mm之间,其中以粉砂质砂为主。空间分布上,以Serayu河口逐渐向外海递减趋势,较粗颗粒集中于河口两侧,并呈现东粗西细、近岸向外海深水逐渐递减的分布趋势。

物理模型将沿近岸破碎带以内、至拟建工程区口门范围内铺设模型砂,因此模拟原型的底质主要分两种:

①近岸(含河口及破碎带)区域的代表粒径,取中值粒径平均值为0.15mm。

②工程区所在水域(港区口门、航道等),取中值粒径平均值为0.08mm。

由于本区含沙量很小,即使雨季河口输移扩散至拟建工程区的浑浊带内,实测含沙量也仅仅在 $0.0033 \sim 0.0111kg/m^3$ 之间(破碎带除外),且淤积将以波浪作用下的床面泥沙输移运动为主,因此悬沙不予模拟,而底质作为物理模型选砂的重要依据,试验将采用上述统计得到的平均值作为目标原型砂。

模型的取水方案根据如下参数确定:

①S2P电厂:根据印尼方提供资料,模拟现状的电厂取水情况,即 $2\times300MW$ 时的流量 $89450m^3/h$,即 $24.85m^3/s$。

②Adipala电厂:按照设计标准 $1\times660MW$(一期)考虑,取水流量为 $111600m^3/h$,即 $31.0m^3/s$。

模型地形根据以下资料铺设:

①英版海图ALURPELAYARAN CILACAP(1:15000)。

②Adipala工程海区实测地形图(用于建模,并作为初始地形)。

a.比例1:5000,测量范围东西向长2.0km,南北向长1.5km,测量面积 $3.0km^2$。

b.比例1:10000,测量范围东西起点和终点分别为东西两侧河流河口处,南北方向长1.0km,测量面积 $9.0km^2$。

c.比例1:5000,测量范围东西向长2.0km,南北向长1.5km,测量面积 $3.0km^2$。

③S2P港区海区实测地形图(用于进行冲淤验证)。

a. KARANG KANDRI POWER PLANT；

b. 港池水域 2009 年 3 月 11 日测量；

c. 港池水域 2010 年 2 月 16 日测量；

d. 2007 年 8 月—2009 年 2 月取水明渠内清淤统计值；

e. 2007 年 8 月—2009 年 9 月港池清淤统计值。

(2)模型验证

在正式试验之前，要对物理模型进行验证。基于前文分析，现场含沙量很小，不是造成淤积的主要因素，因此本次模型不考虑悬沙影响，故忽略含沙量的验证，那么海床地形的冲淤相似的验证就为关键。现实中造成地形冲淤变化的因素十分复杂，一定时期内不同动力条件综合作用的结果，因此地形冲淤验证选用概化的边界条件进行，即选取经计算的工程海域代表波高、中等偏大潮型作为该验证的动力条件。

根据研究经验，若经概化后的动力条件所计算得到的冲淤结果与实测地形变化程度及位置基本一致，做到定性合理、定量接近，即可以认为概化的动力条件是合理的，冲淤验证能够满足要求，模型可用于下一步预报工程实施后的地形冲淤情况。本次验证主要依据本工程临近的 S2P 电站取水明渠和港池历次疏浚统计值所推算的淤积强度和淤积输沙量进行，S2P 电站（2 ×300MW）位于本工程以西，距离 Cilacap 市区约 9.0km，地理位置为 7°41′18″S，109° 5′18″E，工程于 2003 年年底开工，2006 年 11 月竣工并投入使用，工程港区呈双堤环抱式布局，港区口门位于 –7m 等深线附近，其中西堤兼做取水口明渠，东堤掩护港内泊稳及阻挡邻近河流来砂，港区平面布置及现状如图 5-18 所示。

图 5-18

图 5-18　S2P 电站港区平面布置及现场形势图

①S2P 电站取水渠验证(2007 年 8 月 22 日—2009 年 9 月 18 日)

S2P 电站建成以后,由于缺乏有效掩护,受较强近岸波浪引起的输沙以及泥沙沿岸运动等的综合影响,电厂取水口严重被淤积,工程位置取水口基本被淤死,需经常清淤。取水明渠在低潮期可见明显淤积体存在(图 5-19)。

图 5-19　取水口明渠内低潮期淤积体出露现状(2009 年)

S2P 电站自 2007 年 8 月进行第一次疏浚以来,取水口累计为 286664m^3,这部分挖泥量按照相应的历时折算为淤积总量,即取水口年平均清淤量表示为回淤量,即约 16 万 m^3/a,这部分沙量如果平均分摊到相应水域,按照区域面积计算,则取水口年均累积淤强约 9.25m/a(一年内不间断疏浚)。由于缺乏淤强分布情况,且累计值近 9 ~ 10m/a 较大,是连续不间断过程的结果,故物理模型中不模拟疏浚的过程,因此验证试验中取水明渠的淤积情况以输沙量来统计,而不单纯地来复演约 9m 的淤积厚度,模型中也很难模拟出来。利用原型、模型的输沙量来计算输沙比尺 λ_{QT},以作为进一步计算冲淤时间比尺 λ_T 的基础。

②S2P 港池验证

a. 疏浚日期(2007 年 8 月 7 日—2009 年 1 月 9 日)。

自 2007 年 8 月进行第一次疏浚以来,港池累计疏浚总开挖量 652350m^3。这部分挖泥量按照相应的历时折算为淤积总量，即港池的年平均清淤量，即回淤量约20万m^3/a，这部分沙量如果平均分摊到相应水域，按照各自淤积区域面积计算，港池年均累积淤强约0.97m/a。

b.2009年3月11日—2010年2月16日水深测量值对比。

两次地形实测对比(图5-20)，这期间有过一次疏浚(约4.9万m^3)，包含这部分疏浚后，实际港池年淤积量约为15万m^3，由此可知港池淤强平均为0.73m/a，略小于前文按照港池疏浚量推算值(0.97m/a)，但数量级基本持平。

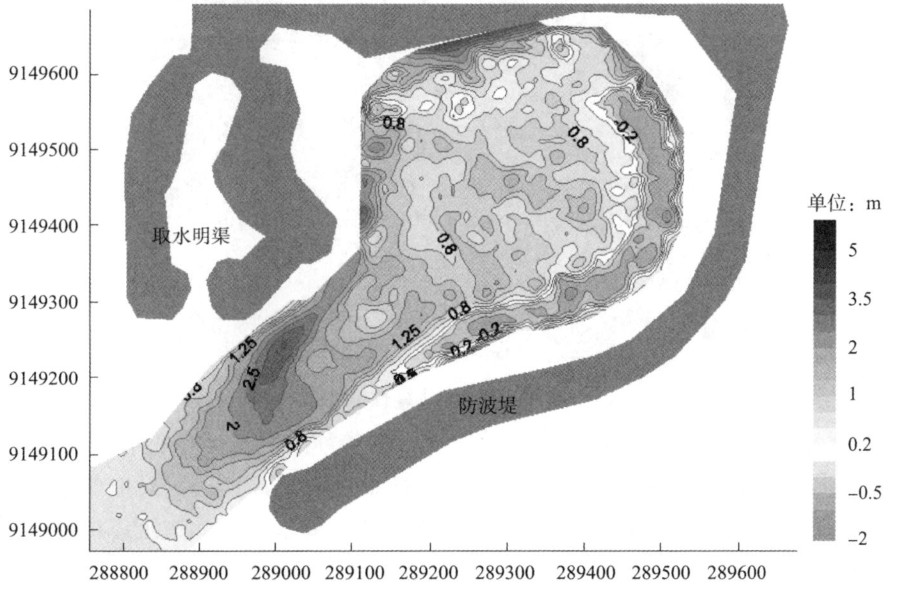

图5-20　两次地形对比冲淤分布示意图(2009年3月—2010年2月)

注:2009年9月14日对码头区进行过一次疏浚，挖泥量约4.9万m^3。

上述两个计算结果，均可以作为港池冲淤分布和淤积强度的验证依据。但考虑到本次验证是以间隔一年的2009年3月、2010年2月的两次地形进行的，因此以0.73m/a检验港池淤积更为合理。

③淤积机理分析

根据前期岸滩演变和淤积计算分析结论，S2P电站港区以及本工程所在岸滩均较平缓，以缓滩坡为特征，表现为消散性海滩，正对Serayu河口的水陆交界处岸滩遭受波浪作用显著，出现明显的侵蚀痕迹，并形成齿状陡崖，反映了横向波浪的长期控制结果。侵蚀流失的泥沙随波、流动力共同作用，输移在河口外侧水域，受径流区扩散、流速减弱的影响，泥沙将主要受波浪作用，近岸受外海传播折射影响，至近岸以向岸波为主,因此受其作用,泥沙呈现往复的输移,形成横向输沙运动。

这部分泥沙随着横向作用,时时会影响到港区口门,受横向浪的推移,几乎没有掩护的取水明渠成为泥沙向岸运动的最终归宿(图 5-21),由于东防波堤难以对取水口形成有效遮蔽,因此运移至港区附近的泥沙可随波浪横向移动,经口门传至取水渠和港池。

图 5-21　泥沙随波浪横向输移影响港区淤积

同时,从前文实测资料可以对比,该区有限的悬沙浓度很难与取水口及港池内的较强淤积程度相联系,从取水口与港池内的淤积物粒径与组成上看,也非悬沙所致,但与周边近岸底质相近,因此可进一步判断淤积体主要来源于周边近岸的泥沙输移,而悬移质不是主要构成部分。从淤积分布与淤积物组成看,S2P 电站港区(包括取水口)的冲淤变形主要是由于建港后引起的海床动力环境(波、流)发生改变、从而导致的不平衡输沙引起的,即推移质输沙造成的冲淤。另外,电站常年取水的工作状态也对取水渠内的泥沙淤积起到一定作用。同时,较强动力下的破碎带内活跃的底砂,也被沿岸流带动而输移,构成了近岸泥沙运动的另一个组成部分。

(3)模型设计相似准则

鉴于前期分析,波浪是研究区近岸的主要动力因素,也是泥沙运动的主导动力,本书应用物理模型试验的主要目的检验本区泥沙冲淤的机理分析,复演造成 S2P 电站港区淤积的动力条件,并针对本工程的平面布置方案,得到港区淤积分布和淤积量,为工程方案的确定和实施后的维护量提供参考依据。根据淤积性质和动力特点,本物理模型需要满足波浪运动相似和波浪作用下泥沙运动相似等要求。具体相似条件如下:

①波浪运动相似

a. 波浪传播速度相似

在有限水深情况下，波浪传播速度 c 为：

$$c = \frac{gT}{2\pi} \cdot \text{th}\frac{2\pi h}{L} \tag{5-3}$$

式中：T——波周期；

h——水深；

L——波长。

由上式(5-3)可得波速比尺：

$$\lambda_c = \lambda_t \cdot \lambda_{\text{th}(2\pi h/L)} \tag{5-4}$$

为使波速比尺 λ_c 不因水深变化而改变，只有当 $\lambda_L = \lambda_h$ 时才能达到；又因 $L = cT$，即 $\lambda_L = \lambda_c \lambda_T$，故可得：

$$U_{max} = \frac{\pi H}{T} \cdot \frac{1}{\text{sh}(2\pi h/L)} \tag{5-5}$$

式中：H——波高。

由此可得相应的比尺关系为：

$$\lambda_{U_{max}} = \frac{\lambda_H}{\lambda_T} \cdot \frac{1}{\lambda_{\text{sh}(2\pi h/L)}} \tag{5-6}$$

同样，为使 $\lambda_{U_{max}}$ 不因水深的变化而改变，也只有取 $\lambda_L = \lambda_h$，于是：

$$\lambda_{U_{max}} = \frac{\lambda_H}{\lambda_T} \cdot \frac{\lambda_H}{\lambda_h^{1/2}} \tag{5-7}$$

当波高比尺 λ_H 等于水深比尺 λ_H 时，有：

$$\lambda_{U_{max}} = \lambda_h^{1/2} \tag{5-8}$$

由式(5-4)和式(5-7)可以看出，只有当 $\lambda_H = \lambda_L = \lambda_h$ 时，λ_c 和 $\lambda_{U_{max}}$ 才不因水深变化而改变，且与水流模型中重力相似的结果一致。

b. 折射相似

波浪传播过程中，由于地形和水深变化而产生的折射现象可由 Snell 定律描述：

$$\frac{\sin\alpha_1}{c_1} = \frac{\sin\alpha_2}{c_2} = \text{const} \tag{5-9}$$

式中：α_1、c_1、α_2、c_2——两相邻等深线处的波向角和波速。

对式(5-9)取比尺关系，得出：

$$\lambda_{\sin\alpha_2/\sin\alpha_1} = \lambda_{c_2/c_1} = 1 \tag{5-10}$$

显然只有在 $\lambda_L = \lambda_h$ 时才能满足波浪折射相似的要求。

c. 绕射相似

要满足波浪绕射相似，原型与模型的绕射系数必须相同，即 $\lambda_{kd}=1$。理论和实践证明，只有模型平面比尺和水深比尺（垂直比尺）与波浪比尺（波长和波高比尺）相同，才能完全满足波浪绕射相似。但在泥沙模型中，为使泥沙运动相似，模型往往需做成变态。而当模型变率不大时，也可以达到近似的绕射相似。

d. 反射相似

水工建筑物对波浪反射，与迎浪面的坡度和结构形式密切相关，一般也只有在正态模型中才能获得相似。在研究具体问题中，若为满足其他更主要的相似条件要求而必须选择变态模型时，建筑物结构形式往往需要做成正态，以保证波浪反射相似。

e. 波浪破碎相似

要取得波浪破碎相似，模型的底坡及坡陡均应保持原型值，即采用正态模型。但实际模型设计过程，还应注意做到原型和模型底摩阻损耗的相似。

②泥沙运动相似

a. 波浪泥沙起动相似

由刘家驹泥沙起动波高的计算公式（刘家驹，2002）：

$$H_*=0.12\left(\frac{L}{D}\right)^{1/3}$$

式中：H_*——起动波高；

L——波长；

D——泥沙中值粒径；

$$\sqrt{\frac{L\mathrm{sh}2kh}{\pi g}\left(\frac{\rho_s-\rho}{\rho}gD+\frac{0.468}{D}\right)} \tag{5-11}$$

式中：k——波数，$k=2\pi/L$；

g——重力加速度；

$0.468/D$——泥沙间黏着力作用，在粒径大于0.03mm的泥沙可忽略不计；

h——水深。

则有：

$$H_*=0.12\left(\frac{L}{D}\right)^{1/3}\sqrt{\frac{L\mathrm{sh}4\pi h/L}{\pi g}\left(\frac{\rho_s-\rho}{\rho}gD\right)} \tag{5-12}$$

由此可得泥沙粒径比尺：

$$\lambda_H=\lambda_L^{5/6}\lambda_D^{1/6}\lambda_{(\rho_s-\rho)/\rho}^{1/2}$$

即

$$\lambda_D=\lambda_H^6\lambda_L^{-5}\lambda_{(\rho_s-\rho)/\rho}^{-3} \tag{5-13}$$

b. 冲淤部位相似

由服部昌太朗公式：

$$\frac{\frac{H_b}{L_0}\tan\beta}{\frac{\omega}{gT}} = \text{const} \tag{5-14}$$

式中：H_b——破碎波高；

L_0——深水波长；

T——周期；

β——波向角；

ω——沉速。

可得：

$$\frac{\lambda_H}{\lambda_L} = \frac{\lambda_\omega}{\lambda_T} \tag{5-15}$$

当波高比尺和水深比尺相等时，可得到满足冲淤部位相似的泥沙沉速比尺：

$$\lambda_\omega = \frac{\lambda_u \lambda_h}{\lambda_l} \tag{5-16}$$

这与水流条件下泥沙冲淤部位相似得到的悬砂沉速比尺是一致的。

c. 破波掀沙相似：

在破波区内，由破碎波引起的平均水体含沙量为：

$$S = K\frac{\rho_s \rho}{\rho_s - \rho}g \cdot \frac{H_b^2}{8A} \cdot \frac{C_{gd}}{\omega}\cos\alpha_b \tag{5-17}$$

式中：A——破波线内沿岸流的过水断面积。

取比尺关系可求得：

$$\lambda_s = \frac{\lambda_{\rho_s}}{\lambda_{(\rho_s-\rho)/\rho}} \cdot \frac{\lambda_H^2}{\lambda_H \lambda_L} \cdot \frac{\lambda_u}{\lambda_\omega} = \frac{\lambda_{\rho_s}}{\lambda_{(\rho_s-\rho)/\rho}} \cdot \frac{\lambda_H^{3/2}}{\lambda_L \lambda_\omega} \tag{5-18}$$

根据式(5-16)和式(5-18)可得：

$$\lambda_s = \frac{\lambda_{\rho_s}}{\lambda_{(\rho_s-\rho)/\rho}} \cdot \frac{\lambda_H}{\lambda_h} \tag{5-19}$$

当波高比尺与水深比尺相等，即 $\lambda_H = \lambda_h$ 时，水体含沙量比尺为：

$$\lambda_s = \frac{\lambda_{\rho_s}}{\lambda_{(\rho_s-\rho)/\rho}} \tag{5-20}$$

这也与水流条件下的含沙量比尺一致。

在满足波浪运动相似、泥沙运动相似的各项要求后，可根据试验研究范围、模型条件等确定各项比尺的大小。

根据场地条件及波浪试验相关要求，模型按重力相似准则设计，确定模型水平比尺 120，考虑波浪泥沙试验中尽量减少波浪变态的影响变率应尽量小，因此选取垂直比尺 60，此时变率为 2。确定模拟范围及模型布置如图 5-22 所示。

模型沙的选择是动床物理模型设计的关键。首先按泥沙起动相似要求，由主要研究区域现场底质中值粒径统计，计算出不同重度模型沙的粒径。然后根据冲淤部位相似的要求算得沉速比尺 λ_ω，再由原水利电力部规范推荐的泥沙沉速公式［Stokes 公式，式(5-19)］计算出对应于不同容重模型沙的粒径。最后根据两方面计算结果的比较，确定模型沙的种类和粒径。

$$\omega = \left(\frac{1}{18v}\right) g D^2 \left(\frac{\rho_s - \rho}{\rho}\right) \tag{5-21}$$

式中：v——水流运动黏性系数，取为 $v = 1.007 \times 10^{-6} \mathrm{m} \cdot \mathrm{s}^2$。

取得比尺关系得：

$$\lambda_\omega = \lambda_D^2 \lambda_{(\rho_s - \rho)/\rho} \tag{5-22}$$

根据已经选定的模型水平、垂直比尺和波浪要素比尺，并结合本区海床代表底质粒径，结合公式(5-13)和式(5-16)，可计算得到同时满足起动相似和冲淤部位相似的不同模型砂粒径比尺，在满足上述相似关系的基础上，应用 Stokes 公式(5-22)计算得到满足沉降相似的不同模型沙粒径比尺，如表 5-2、表 5-3 所示。

常用模型沙满足起动、冲淤部位相似和沉速相似的粒径

（模拟原型砂粒径 0.08mm，用于拟建港区及口门等水域）　　表 5-2

备选模型沙	颗粒重度（g/cm^3）	满足起动相似和冲淤部位相似		满足沉降相似		适用性
		粒径比尺 λ_D	对应模型沙粒径（mm）	粒径比尺 λ_D	对应模型沙粒径（mm）	
木屑（石灰水浸泡）	1.04	0.001	108.19	0.295	0.27	悬沙
聚苯乙烯(PS)	1.06	0.002	32.06	0.362	0.22	
木粉(80 目)	1.16	0.047	1.69	0.591	0.14	
煤粉、煤屑	1.35	0.495	0.16	0.874	0.09	悬沙底砂
核桃壳粉	1.39	0.685	0.12	0.922	0.09	悬沙
电木粉	1.45	1.053	0.08	0.991	0.08	悬沙底砂
粉煤灰	2.10	15.378	0.01	1.549	0.05	
白土粉	2.62	49.122	0.00	1.880	0.04	
天然砂	2.65	51.901	0.00	1.897	0.04	底砂
滑石粉	2.80	67.382	0.00	1.982	0.04	
珊瑚沙	2.82	69.653	0.00	1.993	0.04	

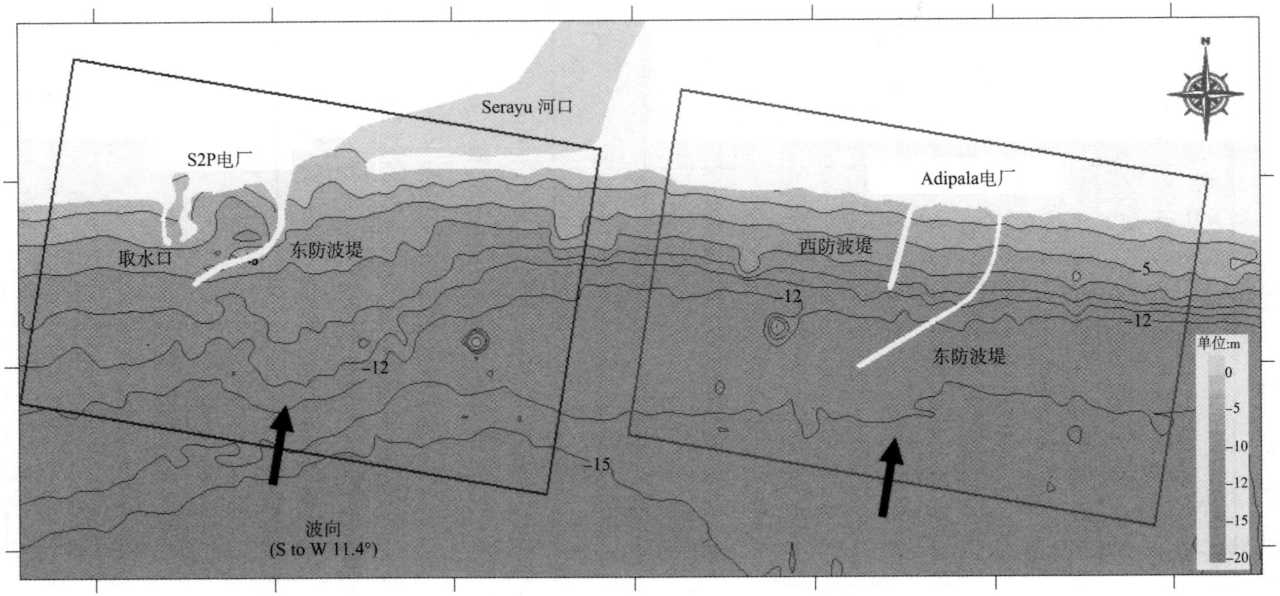

图 5-22　模拟范围及模型布置示意图

注明：模型将 S2P 电厂（CILACAP）一起考虑，两个工程距离较近，同时动力条件和底质分布也相似，并且相对于 Serayu 河口、沿岸输沙及沙嘴各有不同的作用影响，并考虑到了可以利用 S2P 电厂港池及取水渠的实测水深获得的淤积值可为本区动力条件的选取和冲淤验证提供可靠的依据。

常用模型沙满足起动、冲淤部位相似和沉速相似的粒径

（模拟原型砂粒径 0.15mm，用于近岸岸滩、河口及破碎带区域） 表 5-3

备选模型沙	颗粒重度（g/cm^3）	满足起动相似和冲淤部位相似		满足沉降相似		适用性
		粒径比尺 λ_D	对应模型沙粒径（mm）	粒径比尺 λ_D	对应模型沙粒径（mm）	
木屑（石灰水浸泡）	1.04	0.001	210.97	0.295	0.53	悬沙
聚苯乙烯（PS）	1.06	0.002	62.51	0.362	0.43	
木粉（80 目）	1.16	0.047	3.30	0.591	0.26	
煤粉、煤屑	1.35	0.495	0.31	0.874	0.18	悬沙底砂
核桃壳粉	1.39	0.685	0.23	0.922	0.17	悬沙
电木粉	1.45	1.053	0.15	0.991	0.16	悬沙底砂
粉煤灰	2.10	15.378	0.01	1.549	0.10	
白土粉	2.62	49.122	0.00	1.880	0.08	
天然砂	2.65	51.901	0.00	1.897	0.08	底砂
滑石粉	2.80	67.382	0.00	1.982	0.08	
珊瑚沙	2.82	69.653	0.00	1.993	0.08	

结果表明，在上述几何比尺条件下，颗粒重度为 1.45g/cm^3 的电木粉满足起动和冲淤部位相似所需的粒径比尺与满足沉降相似要求的粒径比尺最接近。因此，本模型将选择电木粉作为模型砂，粒径比尺取平均为 1.0。

上述比尺为初步选定比尺，最终试验还将根据模型输沙情况再做进一步调整和校核。最终试验选用比尺关系统计如表 5-4 所示。

物理模型试验主要比尺关系 表 5-4

比　尺	符　号	计　算　值	采　用　值
水平比尺	λ_l	—	120
垂直比尺	λ_h	—	60
波长	λ_L	—	60
波周期	λ_T	$\sqrt{60}$	$\sqrt{60}$
波速	λ_C	$\sqrt{60}$	$\sqrt{60}$
轨迹速度	λ_u	$\sqrt{60}$	$\sqrt{60}$

续上表

比　尺	符　号	计 算 值	采 用 值
颗粒密度	$\lambda_{\rho s}$	1.93	1.93
粒径	λ_D	1.022	1
沉速	λ_ω	3.87	2

(4)仪器设备

试验研究在天科所水环境动力综合厅试验水池(75m×45m×1.5m)中进行，本模型实际占地规模为72.4m(长)×40.9m(宽)。试验采用不规则摇板式造波机及控制系统，水工建筑物到造波机的距离大于6~7倍波长，建筑物两侧垂直波向的方向上取3~6倍波长，模型四周均设消波吸能设施，防止多余波能反射及扩散干扰试验。

波控制与采集设备主要包括不规则造波机、测波系统等，波高用SG2000型动态波高测量系统采集，该采集系统用电容式波高(液位)传感器测波，传感器与放大器为一体式结构，输出-5~5V电压，由屏蔽电缆送往多路开关，在计算机控制下，按一定的时序进入A/D转换器。转换后的数据由微机自动处理。系统对传感器进行温度修正。波高传感器安装在测架上，根据观测需要，放置于试验水域中所关心的位置。

(5)动床验证试验

如前文分析，拟建工程区为岸线相对平直的典型沙质海岸，这类海岸建港首先应搞清沿岸输沙的特性和岸滩演变的趋势，研究淤积强度的分布，从而估算淤积量。即使现状岸滩相对稳定，但由于港工建筑物破坏了原输沙平衡，加之邻近径流充沛的河口，如果平面布置不当，也可导致较强烈的淤积，如附近的S2P电厂的取水明渠淤积问题。值得一提的是，从电厂港池内沉积物分析结果(中值粒径在0.1~0.15mm范围)，这与邻近的Serayu河口以及附近混浊带水域的0.03~0.06mm粒径的底质有较大差异，但却与港外相邻区域底质相近似，由此可知：虽然S2P电厂邻近Serayu河(河口与口门的距离约为1.7km)，但是电厂港池沉积落淤的物质来源并非直接来自河口，而主要是来自近岸推移质在波流动力下向港内传递—落淤的输移趋势，由此也可与水体表、中层悬沙含量普遍较低相吻合，即反映了本地区较为特殊的淤积形势，即悬沙落淤的相对密度较小，而推移质底砂是构成淤积的主体，河流的直接影响相对有限。

基于上述分析，验证试验中考虑了水位变化以模拟港池纳潮动力，以此实现波浪作用下底砂推移质向港内输移的动力，即复演波浪动力掀动底部泥沙、水位变化引起的涨潮水流促成泥沙向港内扩散落淤的过程。由前文分析可知，取水明渠年输沙量约16万m^3，即原型输沙率为18.3m^3/h。

在模型验证试验中，经反复试验和调整波浪动力，最后满足港池冲淤分布相似的同时（淤积强度的几何相似关系，即满足 $\lambda_L=60$），得到取水明渠内的单位时间内的输沙量约为 $1.43\times10^{-3}\mathrm{m^3/h}$，进而计算得到输沙量比尺为：

$$\lambda_{QT}=\frac{(Q_T)_P}{(Q_T)_m}=12785 \tag{5-23}$$

进而，代入下式可计算得到床面冲淤变形相似的冲淤时间比尺为：

$$\lambda_{t0}=\frac{\lambda_{r0}\lambda_l^2\lambda_h}{\lambda_{QT}}=135 \tag{5-24}$$

上述结果表明，模型中 64.8h 相当于原型一年，在实际试验中为偏于安全考虑，实际取值为 65h。

物理模型复演了 S2P 电站港池和取水明渠内的淤积情况，并与原型实测情况进行了对比（图 5-23 ~ 图 5-26），从淤积形态和分布趋势上两者较为接近，同时淤积强度的量值上也接近比尺相似关系（$\lambda_h=60$），结合上述分析，表明动力条件及模型沙的选择合理，验证试验结果较为理想。

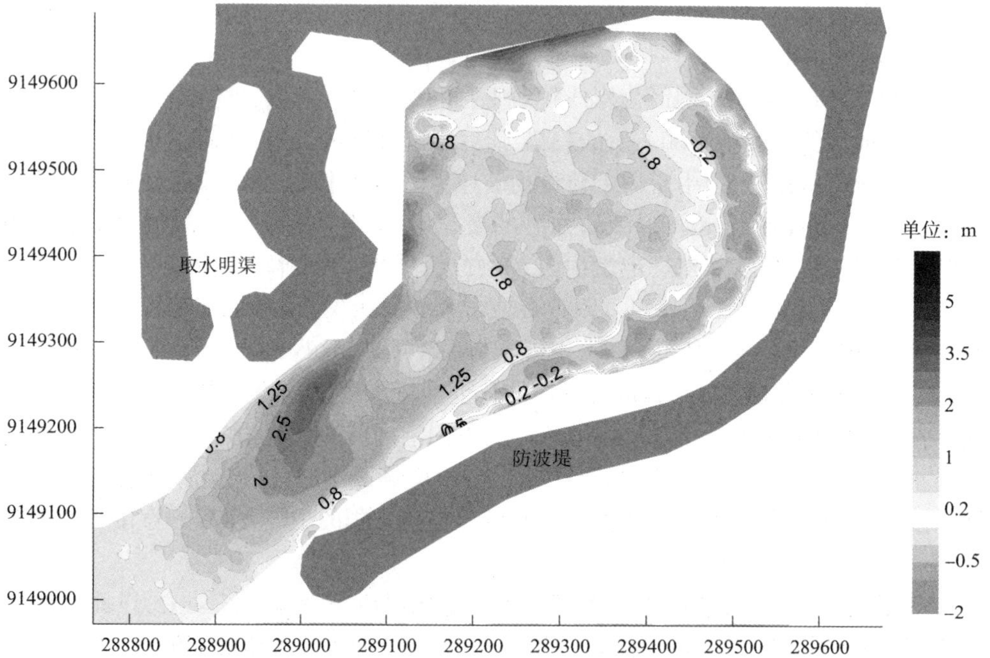

图 5-23 原型港池冲淤分布趋势图（2009 年 3 月 11 日—2010 年 2 月 16 日，历时约 1 年）

注：2009 年 9 月 14 日对码头区进行过一次疏浚，挖泥量约 4.9 万 $\mathrm{m^3}$。

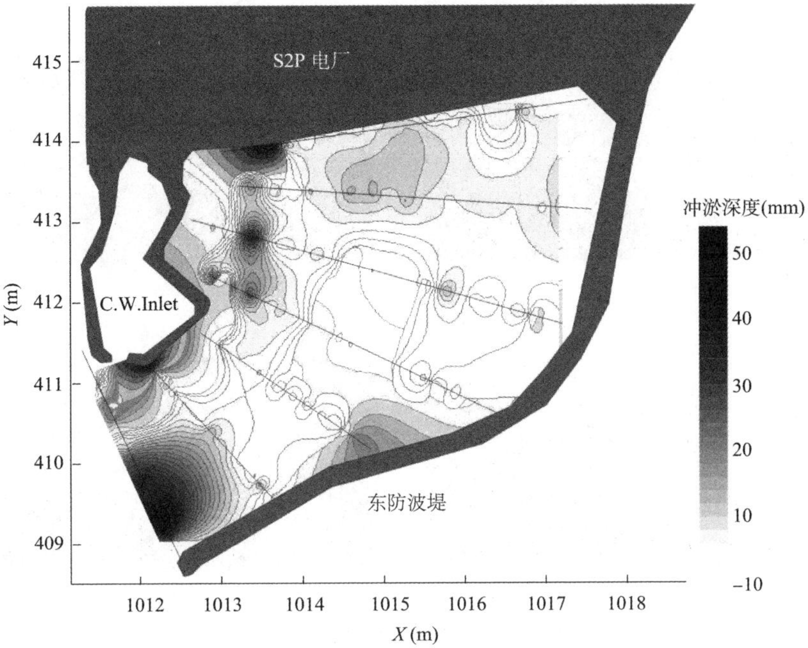

图 5-24　模型港池冲淤分布趋势图(试验中连续模拟时间约 2 天零 15 小时)

a)模型验证情况

b)原型现场情况

图 5-25　S2P 电厂取水明渠内淤积情况

a)模型验证情况

b)原型现场情况

图 5-26　S2P 电厂港池内淤积情况

(6) Adipala 港区港池、航道淤积情况

在验证试验的基础上,得到了合理的淤积分布和动力条件组合,Adipala 港区与 S2P 相隔较近,近岸水域动力条件和泥沙底质分布也基本一致,因此采用经验证后的动力条件组合可以检验本工程的泥沙运动情况,进而得到本工程港区的淤积强度和分布趋势。

设计方案防沙堤已延伸至破波带外,可以有效地遏制破碎带内的沿岸输沙和横向输沙影响,同时由于防波堤堤头及口门已伸展到含沙量扩散较小的海域($<0.01\text{kg/m}^3$),因此港池内淤积程度相对有限,物理模型试验复演了原型 1 年(12 个月)的情况,结果表明泥沙淤积主要发生在进港航道、口门区附近及码头前沿(图 5-27),整个港区泥沙冲淤分布如图 5-28 所示。

图　5-27

图 5-27　泥沙在航道口门的淤积情况

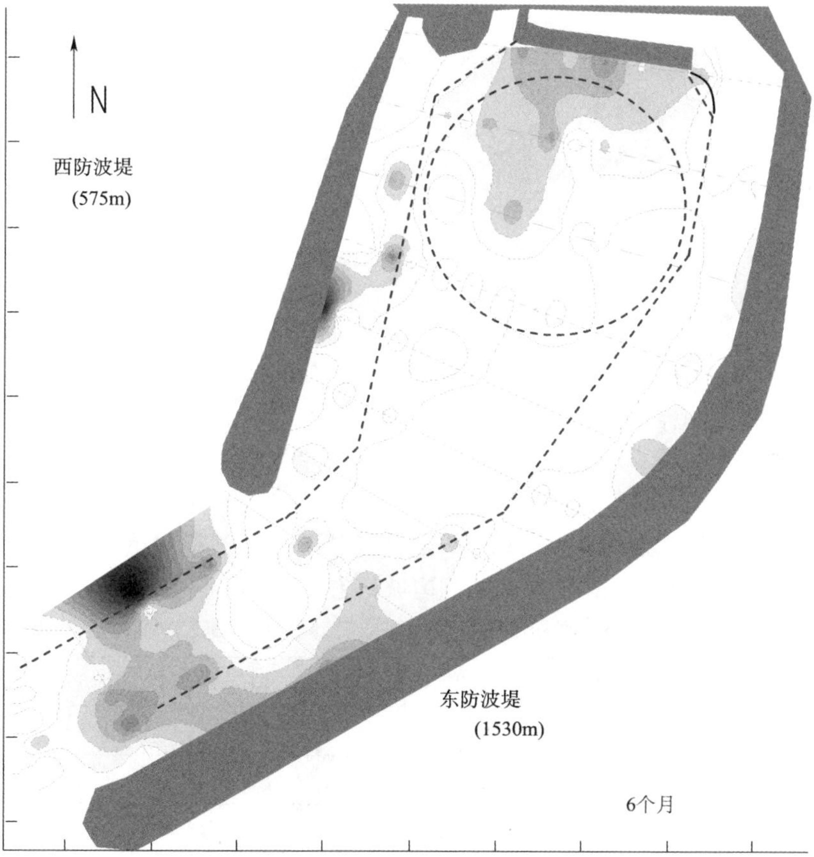

图　5-28

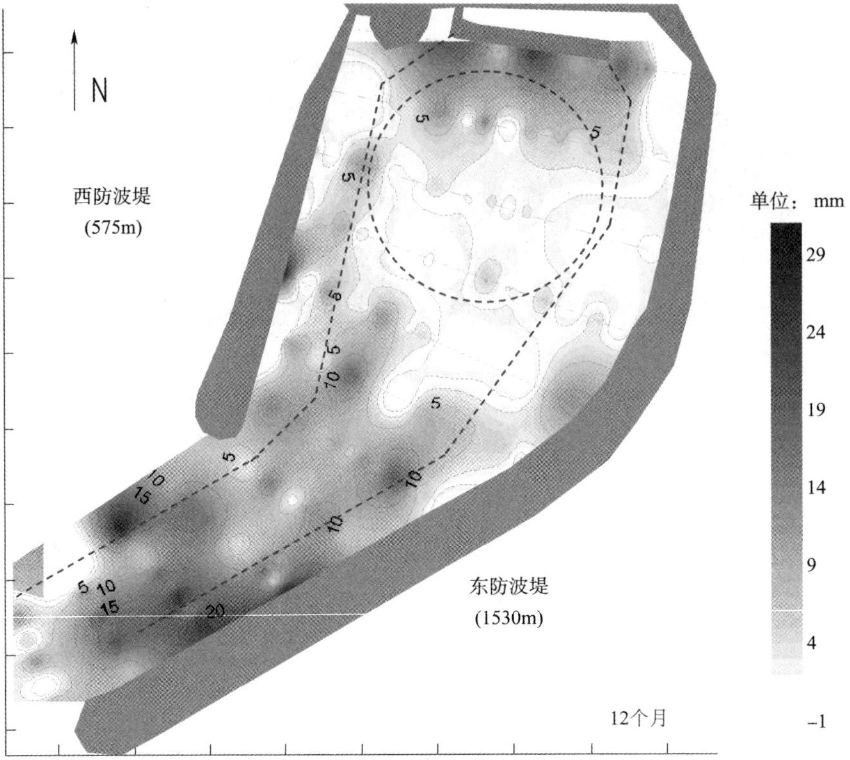

图 5-28 港池及航道淤积分布示意图(图中淤强为模型值)

试验模拟了原体 12 个月后,淤积厚度模型值为 0.3 ~ 31.8mm,考虑模型比尺后,相当于原型 0.02 ~ 1.91m/a(平均为 0.52m/a),港区淤积总量为 $16.8 \times 10^4 m^3/a$,并与前期淤积分析计算值进行了比较,结果如表 5-5 所示,两者基本吻合。其中,掩护渠内的港池平均淤强约 0.3m/a,码头前沿及浅滩边坡淤积略重;处于半掩护区的进港航道平均淤强约 0.6m/a,航道两侧边坡是主要淤积区。

港内淤积物理模型值与数模计算结果比较 表 5-5

项　　目	公式计算值	物理模型值
淤积厚度(m/a)	0.36 ~ 1.84	0.02 ~ 1.91
淤积量(m^3/a)	17.5×10^4	16.8×10^4

注:此时采用 Adipala 电厂设计取水量进行试验。

前期淤积分析计算参数的选取也是在用 S2P 电厂实测淤积情况验证后得到的,因此表明本模型试验结果是合理可信的。

(7) Adipala 西堤堤根淤积

试验中港区发生淤积的同时，在近岸波浪破碎带内产生沿岸输沙，而防波堤建成后，堤头可延至破碎带以外，港区自东向西间的沿岸输沙必然受防波堤的阻挡，方案实施后防波堤垂直于岸线突出陆域，形成突堤，一定程度拦截了沿岸输沙，按照沿岸输沙的运动趋势考虑，防波堤外侧岸线受优势输沙的影响会有自堤根的逐渐淤积，淤积形态示意图如图 5-29 所示。

a)初始　　　　b)12个月后

图 5-29　沿岸输沙在西堤根部发生淤积

西堤根部淤积体长度约 510m，两次（初始和 12 个月后）沿堤向海侧淤涨距离差距约为 157m，沿程布设若干断面进行量测，可以发现建港之初岸线淤涨迅速，而随着模拟时间的延长，淤涨速率显著降低，这与建港后动力平衡在不断适应和调整有关，如图 5-30 所示分别标识了 3 个月、6 个月和 12 个月的水陆交界线，表 5-6 为各断面不同时期的长度，按照淤涨趋势预测西堤的有效拦砂年限约为 30 年。

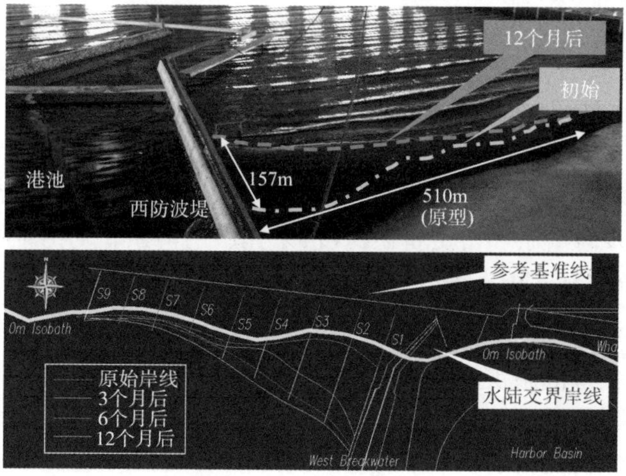

图 5-30　堤根淤积速率逐渐趋缓

各断面不同时期的淤涨长度对比(单位:m)　　表5-6

时　间	断　面					
	S1	S2	S3	S4	S5	S6
初始	0	0	0	0	0	0
3个月	223.2	172.8	139.8	115.2	109.2	88.8
6个月	258	204	168	136.8	120	91.2
12个月	301.2	243.6	198	156	126	100.8

注:淤涨距离的参考起始基准线为码头后沿线延长线。

(8)Adipala 泥沙淤积规律

通过对 Adipala 工程实施后的港内淤积及沿岸输沙影响进行试验分析,得到主要结论如下:

①工程区域的潮型为以半日潮为主的混合潮,潮流比较微弱,实测最大流速均小于0.30m/s,水体含沙量也极为有限($<0.01\text{kg/m}^3$),经前期数模计算,工程前、后流速均小于泥沙起动计算值,不是泥沙运动的主要动力条件。

②工程区波浪动力较强,波周期可以超过10s,近岸破波带平均含沙量在 $0.8\sim0.9\text{kg/m}^3$,横向输沙特征显著,是本区泥沙淤积的主要因素。由于悬沙影响较小,波浪较强,破碎区沿岸输沙和近岸横向输沙为主,因此试验选用以波浪动力为主的动床物理模型。

③工程实施后,港内淤积厚度0.02~1.91m/a(平均为0.52m/a),港区淤积总量为 $16.8\times10^4\text{m}^3/\text{a}$。

④工程引起西堤堤根淤积,建港之初岸线淤涨迅速,而随着模拟时间的延长,淤涨速率显著降低,按照模型反映的淤涨趋势预测西堤的有效拦砂年限约为30年。

⑤当平面布置已确定后(堤长及口门一定时),港区的淤积程度基本已经无法改变,只能通过及时清淤和留足备淤深度,来克服港内淤积对通航作业的影响,保障电厂取水以及原料的正常进港运输。

5.1.2.3　施工方法应用

在 Adipala 工程的施工中,在初始施工阶段,未考虑长周期波浪的特殊水文条件,采用常规的陆上推进方式,防波堤堤头每月均会遭受严重的破坏,造成了很大的施工损失。之后,使用了该书中的波浪预测、浮标定位与小型开体驳联合水上施工、钢丝网石笼配合人工块体的堤头临时防护等措施,最大限度地减少施工损失,加快了施工速度。

Adipala 工程的利用波浪预测技术,根据现场波浪环境变化和预报网站 www.surf-forecast.com 能量数据表的比对,以准确地掌握波浪变化规律,做到堤头及时防护。利用浮标定位与小型开体驳联合水上施工技术,即便是季风期大浪环境,每月仍有超过70%以上的作业时间,4 艘小型开体驳日均抛填量近 3000m^3,可以极大地缓解陆上施工强度,同时,小型开体驳水抛可顺利完成水下超过80%的工作量,也可以完成超出陆上起重机能力范围之外的护底石和垫层石抛填工作,为增加陆上推填日有效进尺和使用普通陆上起重机完成防波堤断面创造了条件。按照"小浪小防、大浪大防、快装快拆"十二字原则进行堤头有效防护,做到既不过度防护,也避免防波堤临时防护不到位的情况,确保防护效果,稳扎稳打地推进防波堤施工进度工作,避免因防护不及时、不到位而造成防波堤临时堤头失稳而里程倒退的情况发生。

5.1.3　社会经济效益

经过本技术的应用,Adipala 电厂码头的防波堤项目在整个施工过程中,只发生过1次破坏,为施工单位节约成本至少7000万元。施工工期提前了3个月,为电厂的提前运营创造了条件,使投资能够提前创造经济效益,得到了业主充分的肯定,提高了中国港口建设的国际知名度和影响力。同时,电厂提前运营,为当地居民提前供电,提高了当地居民的生活水平,产生了良好的社会反响。

5.2　印尼 Gama 防波堤工程

5.2.1　工程概况

印尼 Gama 防波堤工程位于印度尼西亚西爪哇巴丹省巴亚镇、防波堤采用斜坡式抛石双联块体防护结构,一期全长550m,防波堤堤顶高程按照基本不越浪设计,堤顶高程为9.1~10.2m,堤顶宽度约25m(图5-31),施工工艺设置为先施工堤身及堤外侧至堤头对防波堤形成防护,再倒退施工堤顶和内侧;同时,为最大限度地减少陆上施工强度和块石流失,-4.0m以下部分争取采用小型开体驳完成大部分水下抛石,不足部分则采用250T履带起重机陆上补抛以控制断面成型。

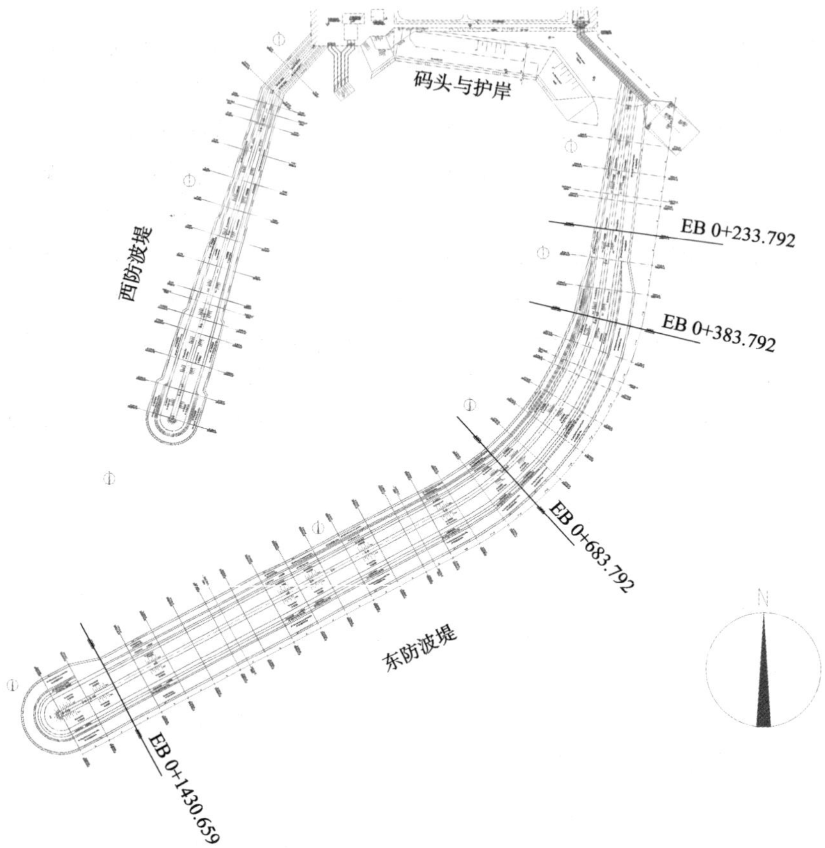

图 5-31　印度尼西亚 Adipala 防波堤工程平面布置图

5.2.2　主要技术应用

5.2.2.1　波浪条件分析应用

1)自然条件

(1)风况

印度尼西亚风的一般季节性变化如图 5-32 所示,表明工程所在区域季节变化明显。在雨季风向主要为偏西向和北向,旱季则相反。

根据 BMKG(Badan Meteorologi Klimatologi dan Geofisika)资料,平均风速在 2.6 ~ 5.1m/s,7、8 月间的最大风速可达 5.1 ~ 10.3m/s。另外,参考 Witteveen + Bos《Karang Taraje Port Basic of Design》中基于距本区西南约 270km 的 ECMWF(1992—2010)统计

资料，拟建工程区风况统计见表5-7，印度洋风向以S～E向（120°）为主，其最大风速18m/s来自WNW（270°～300°）。

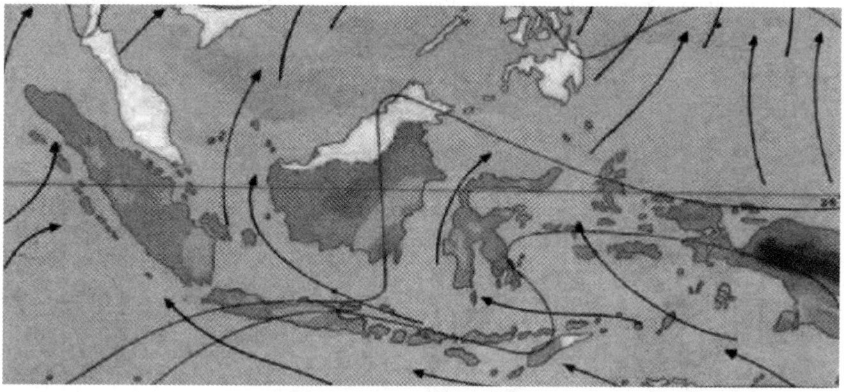

a)旱季（4月—9月）风向趋势图

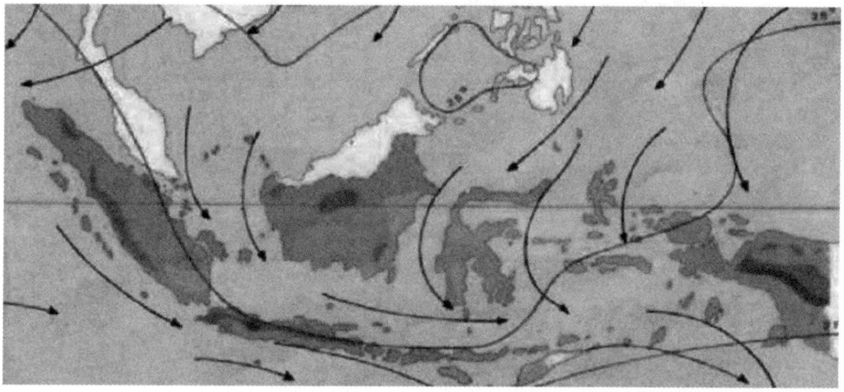

b)雨季（10月—次年3月）风向趋势图

图5-32　印度尼西亚季风风向趋势图

外海风况分频分级统计表　　表5-7

风速(m/s)		风向(°N)												
		0	30	60	90	120	150	180	210	240	270	300	330	合计
0	1	0.07%	0.07%	0.06%	0.11%	0.12%	0.14%	0.10%	0.14%	0.08%	0.09%	0.06%	0.07%	1.1%
1	2	0.16%	0.21%	0.24%	0.33%	0.37%	0.37%	0.30%	0.29%	0.30%	0.28%	0.20%	0.20%	3.2%
2	3	0.19%	0.16%	0.34%	0.64%	0.71%	0.72%	0.54%	0.51%	0.50%	0.45%	0.32%	0.18%	5.3%
3	4	0.15%	0.11%	0.25%	0.91%	1.48%	1.15%	0.71%	0.59%	0.64%	0.65%	0.56%	0.26%	7.4%
4	5	0.10%	0.08%	0.24%	1.20%	2.56%	1.76%	0.66%	0.60%	0.61%	0.88%	0.57%	0.27%	9.5%

续上表

风速(m/s)		风向(°N)												
		0	30	60	90	120	150	180	210	240	270	300	330	合计
5	6	0.07%	0.03%	0.10%	1.53%	3.31%	1.87%	0.59%	0.49%	0.63%	0.88%	0.70%	0.24%	10.4%
6	7	0.03%	0.02%	0.06%	1.63%	5.03%	2.03%	0.35%	0.20%	0.49%	0.88%	0.62%	0.17%	11.5%
7	8	0.03%	—	0.02%	1.92%	7.30%	2.15%	0.10%	0.07%	0.22%	0.69%	0.63%	0.16%	13.3%
8	9	0.02%	0.00%	0.01%	1.87%	9.03%	1.79%	0.01%	0.02%	0.10%	0.43%	0.58%	0.11%	14.0%
9	10	0.01%	0.00%	—	1.30%	8.77%	1.14%	—	0.02%	0.04%	0.36%	0.51%	0.13%	12.3%
10	11	—	—	—	0.86%	5.95%	0.39%	—	—	0.01%	0.26%	0.39%	0.07%	7.9%
11	12	—	—	—	0.23%	2.39%	0.09%	—	—	0.01%	0.17%	0.22%	0.06%	3.2%
12	13	—	—	—	0.04%	0.51%	0.03%	—	—	0.00%	0.06%	0.08%	0.02%	0.7%
13	14	—	—	—	0.01%	0.06%	0.00%	—	—	0.00%	0.02%	0.02%	0.02%	0.1%
14	15	—	—	—	—	—	—	—	—	—	0.01%	0.03%	0.00%	0.0%
15	16	—	—	—	—	—	—	—	—	—	—	0.00%	—	0.0%
16	17	0.00%	—	—	—	—	—	—	—	—	—	—	—	0.0%
合计		0.8%	0.7%	1.3%	12.6%	47.6%	13.6%	3.4%	2.9%	3.5%	6.1%	5.5%	2.0%	100.0%

另外，本次研究还参考了西爪哇 Baya 海岸自 2006 年至今的统计资料，各季节风向主要集中于 SE 与 NW 向，频率分布比较集中，其各季方向分布如图 5-33 所示。

本次研究搜集了 2011—2012 年的风场再分析资料。分析点 P1 所在的地理坐标为(9°S,105°E)，距离工程区约 260km。风速风向分频分级如表 5-8 所示，风玫瑰图如图 5-34 所示。从统计结果看，此区域的常风向时 SE 向，发生概率 41.02%，次常风向分别是 ESE 向与 W 向，发生概率分别为 18.65% 与 8.27%。强风向来自 WNW 向，最大风速小于 14m/s。自 S 向至 SW 向的风发生概率较小。

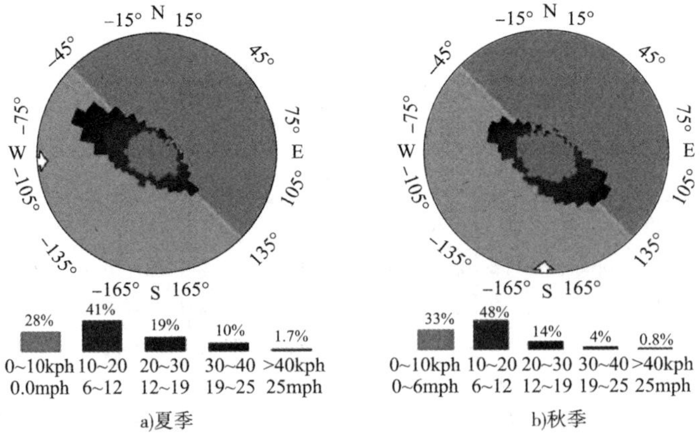

图 5-33

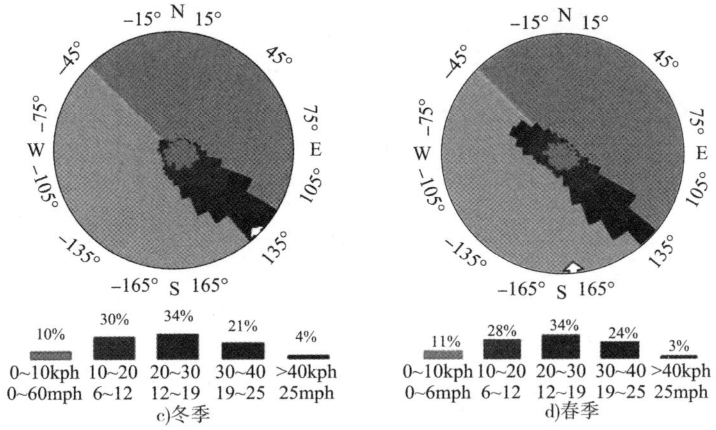

图5-33 风况分布统计结果

风速的分频分级表(ECMWF,2011—2012) 表5-8

方向	0～2 (m/s)	2～4 (m/s)	4～6 (m/s)	6～8 (m/s)	8～10 (m/s)	10～12 (m/s)	12～14 (m/s)	合计 (%)
N	0.18	0.26	0.07	0.00	0.00	0.00	0.00	0.51
NNE	0.07	0.22	0.00	0.00	0.00	0.00	0.00	0.29
NE	0.18	0.22	0.00	0.00	0.00	0.00	0.00	0.40
ENE	0.15	0.36	0.04	0.00	0.00	0.00	0.00	0.55
E	0.69	1.60	0.77	0.07	0.00	0.00	0.00	3.13
ESE	0.66	2.73	4.81	7.25	3.17	0.04	0.00	18.65
SE	0.73	3.06	7.21	16.98	12.68	0.36	0.00	41.02
SSE	0.69	1.93	1.93	2.84	0.51	0.00	0.00	7.91
S	0.62	0.77	0.29	0.04	0.00	0.00	0.00	1.71
SSW	0.58	0.55	0.11	0.00	0.00	0.00	0.00	1.24
SW	0.55	0.95	0.26	0.00	0.00	0.00	0.00	1.75
WSW	0.51	1.57	1.09	0.15	0.00	0.00	0.00	3.32
W	0.51	1.64	3.57	2.00	0.55	0.00	0.00	8.27
WNW	0.44	1.60	2.11	0.87	1.97	0.47	0.04	7.50
NW	0.18	0.95	0.91	0.55	0.33	0.15	0.00	3.06
NNW	0.15	0.18	0.26	0.11	0.00	0.00	0.00	0.69
合计(%)	6.89	18.58	23.42	30.86	19.20	1.02	0.04	100.00

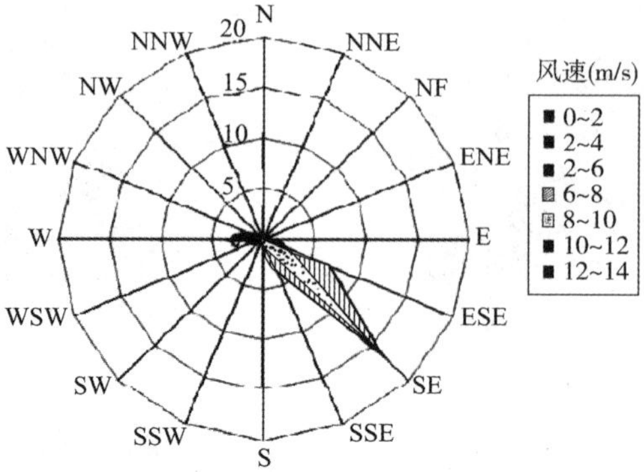

图 5-34　风玫瑰图(ECMWF,2011—2012)

(2)波浪

利用欧洲中长期气象研究中心再分析波浪要素数据(2008—2012),对计算区域的波浪要素进行统计分析。分析点 P1 处的波浪分频分级,见表 5-9。波玫瑰图如图 5-35 所示。从统计结果看,S 向为常浪向,发生频率为 37.41%,最大有效波高不超过 6m;其次是 SSW 向浪,发生频率 29.73%,为该海域的强浪向。

P1 点波浪分频分级结果表(ECMWF,2008—2012)　　表 5-9

方向	0~1.0 (m)	1.0~2.0 (m)	2.0~3.0 (m)	3.0~4.0 (m)	4.0~5.0 (m)	5.0~6.0 (m)	6.0~7.0 (m)	合计 (%)
N	0	0	0	0	0	0	0	0
NNE	0	0	0	0	0	0	0	0
NE	0	0	0	0	0	0	0	0
ENE	0	0	0	0	0	0	0	0
E	0	0	0	0	0	0	0	0
ESE	0	0	0	0	0	0	0	0
SE	0	0	0.52	1.97	0.49	0	0	2.98
SSE	0	0.33	4.32	8.32	2.23	0	0	15.20
S	0	1.96	18.76	13.45	3.12	0.12	0	37.41
SSW	0	3.50	17.27	7.28	1.60	0.08	0	29.73
SW	0	0.67	6.17	1.79	0.04	0	0	8.67
WSW	0	0.10	1.12	2.11	0.40	0	0	3.73
W	0	0.03	0.34	1.12	0.51	0.04	0	2.04
WNW	0	0	0.03	0.10	0.07	0.03	0	0.23
NW	0	0	0	0	0.01	0	0	0.01
NNW	0	0	0	0	0	0	0	0
合计(%)	0	6.59	48.53	36.14	8.47	0.27	0	100

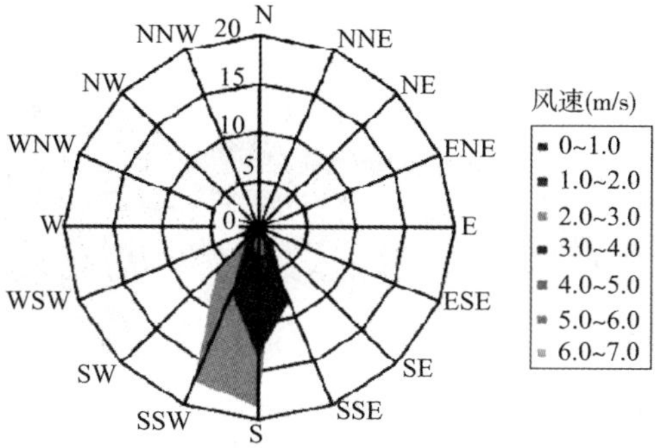

图 5-35 波玫瑰图(ECMWF,2008—2012)

在工程海域20m水深的位置布置了短期波浪测站,以测量波高、周期及波向等,观测期为3个月。现场观测期间,拟建工程区及周边波况分别如图5-36~图5-40所示。图中可见,拟建进港道路近岸区水域水面相对平静,其外侧约500m附近礁石浅点处有浪花破碎,河口两侧及再远处近岸波浪则明显加大,沿岸破波带明显可见,与拟建工程区水域形成鲜明对比。至拟建防波堤堤根附近(图5-36),由于临近岬头附近,因此近岸波浪略有增大,但传至岸边基岩礁石处主要受破碎波影响。其邻近的岬头区是主要的波能辐聚点,波浪较强,礁石间的溅浪随处可见,踏勘期间最大溅起浪花高度可达2m左右,岬角沿岸向SE侧近岸由于直接面向开敞外海,亦是波能聚集区,波浪动力较强,波高和破碎带均较大。

图 5-36 拟建进港道路附近水域波况(镜向 NW)

图 5-37　拟建防波堤堤根附近水域波况(镜向 NNW)

图 5-38　岬头及其西南侧附近水域波况(镜向 S-SE)

图 5-39　河口附近水域波况(镜向 SW-W)

图 5-40　河口以西海岸波况明显增强、破波带也更宽(镜向 W)

现场实测及踏勘期间,另一处波浪相对较大区域在拟建工程以北的河口附近(图5-39),特别是河口以西的沙滩,其相对平直、宽广的沙滩,由于不受岬湾掩护直接受来自 SW 向外海大浪直接作用,常年波浪强烈,其最大破波带宽度可达400m 以上。

由上述分析可见,拟建工程区处于岬湾之内,受到岬头的掩护,但其邻近的岬头附近以及北侧近岸的波浪较强,特别是河口西侧(图5-40)。因此,拟建工程区所在岬湾海域也将受到一定程度的影响,研究分析中对波浪动力不容忽视。

根据 3 个月的波浪测量结果,绘制出工程海域实测波浪的波玫瑰图(图5-41)。从波浪测量结果看,工程海域的主波向为 SSW-WSW,有效波高 $H_{1/3}$一般为 1.0～1.5m,有效周期 $T_{1/3}$一般为 9～12s。实测到的最大波高为 2.86m,对应的波向为 WSW。

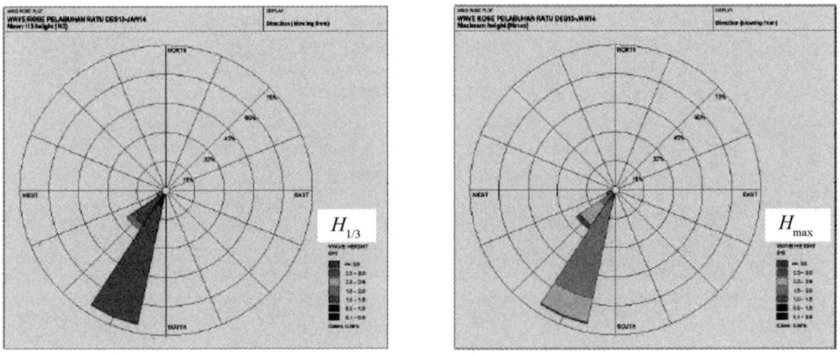

图5-41　波玫瑰图(2013 年 12 月—2014 年 1 月)

2)研究方法

利用欧洲中长期气象中心(ECMWF)历史再分析气象与海浪资料,对工程区附近海域的风速与波浪条件进行特征分析;对 1992—2012 共 21 年的波浪条件进行统计,得到每年的各向的有效波高年极值,方向为 W、WSW、SW、SSW、S、SSE 和 SE 向。利用 PearsonⅢ适线曲线方法推算不同重现期的波浪要素,重现期 50 年、25 年、10 年及 2 年;利用 SWAN 模型计算得到的推算工程区附近 -20m 水深处及海工建筑物处的设计波浪要素,计算方向为 W、WSW、SW、SSW、S、SSE 和 SE 向,计算重现期包括 50 年、10 年、5 年和 2 年;工程建设后,防波堤内侧波要素和码头处得波浪要素采用 MIKE21 中 BW 模型进行计算,边界波浪条件由 SWAN 模型计算得到;工程建设后,港内波浪场分布采用 MIKE21 中 BW 模型进行计算,边界波浪条件由 SWAN 模型计算得到。

3)结果分析

本次研究统计了自1992—2012共21年的不同方向的波浪数据资料。对于边界点P1,地理坐标为(9°S,105°E),距离工程区约260km(图5-42)。首先统计每年的不同方向的有效波高年极值,统计的结果如表5-10所示。再次利用P-Ⅲ适线法对不同向的波浪极值结果进行分析,得到不同重现期各向的有效波浪要素,如表5-11所示。各向P-Ⅲ适线曲线图如图5-43～图5-49所示。

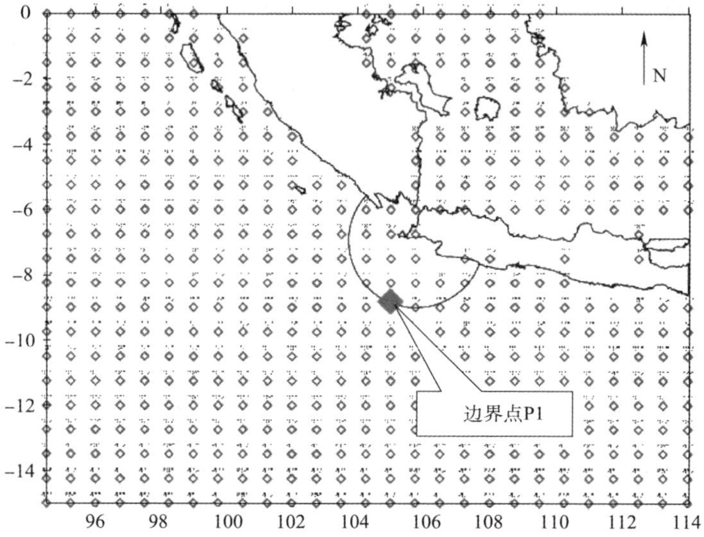

图5-42　工程外海边界点的分布图

不同波浪的年最大有效波高值(单位:m)　　表5-10

年　份	方　向						
	SE	SSE	S	SSW	SW	WSW	W
1992	4.95	5.47	5.13	5.20	3.51	3.65	3.29
1993	4.25	5.17	4.78	4.63	4.25	4.37	3.95
1994	4.39	4.57	5.08	5.08	3.49	3.49	3.53
1995	5.31	5.21	4.98	4.83	4.26	4.64	4.57
1996	3.98	4.33	5.31	5.10	4.06	3.23	0.00
1997	4.92	4.73	5.10	5.91	4.02	5.36	4.06
1998	3.89	4.46	6.00	5.08	4.18	4.08	3.35

续上表

年　份	方　向						
	SE	SSE	S	SSW	SW	WSW	W
1999	4.03	4.28	4.85	5.13	4.09	4.39	5.52
2000	4.43	4.70	5.15	4.51	4.26	4.19	5.29
2001	3.58	4.88	5.41	5.59	3.42	3.81	3.61
2002	4.33	5.09	5.29	5.57	4.54	3.36	3.76
2003	4.87	4.47	5.34	5.37	3.89	4.42	4.58
2004	4.35	4.91	5.00	5.31	4.25	3.56	3.27
2005	4.15	5.33	5.55	5.26	4.87	0.00	0.00
2006	4.06	5.02	5.88	5.55	4.11	3.99	0.00
2007	3.93	4.93	5.02	5.00	5.17	4.68	5.08
2008	4.42	4.59	4.69	4.90	4.26	4.62	5.22
2009	4.42	4.20	5.60	5.51	3.46	3.68	4.25
2010	4.10	4.72	5.13	4.40	3.42	3.77	4.14
2011	4.32	4.82	5.31	5.00	3.97	4.30	4.51
2012	4.47	4.83	4.83	4.82	3.65	4.95	5.53

P1 点不同重现期的波要素结果(单位:m)　　表 5-11

重现期	方　向													
	SE		SSE		S		SSW		SW		WSW		W	
	H_s (m)	$\overline{T}$ (s)	H_s (m)	$\overline{T}$ (s)	H_s (m)	$\overline{T}$ (s)	H_s (m)	$\overline{T}$ (s)	H_s (m)	$\overline{T}$ (s)	H_s (m)	$\overline{T}$ (s)	H_s (m)	$\overline{T}$ (s)
50a	5.27	15.93	5.80	16.74	6.29	17.49	6.47	17.77	5.44	16.19	5.46	16.22	6.03	17.09
25a	5.11	15.70	5.62	16.45	6.11	17.19	6.22	17.35	5.18	15.83	5.22	15.88	5.71	16.61
10a	4.90	15.36	5.38	16.09	5.88	16.86	5.89	16.88	4.83	15.25	4.91	15.37	5.29	15.96
5a	4.69	15.03	5.15	15.74	5.66	16.53	5.59	16.42	4.53	14.79	4.61	14.91	4.89	15.34
2a	4.32	14.47	4.74	15.11	5.25	15.90	5.07	15.62	3.94	13.88	4.08	14.10	4.19	14.27

从分析的结果看,重现期 50 年深水边界处,最大有效波高在 SSW 向是 6.47m,对应的平均周期是 17.77s,其次是 S 向的有效波高是 6.29m,对应的平均周期是 17.49s,W 向的有效波高是 6.03m,周期是 17.09s。重现期 2 年,SSW 向、S 向和 W 向的有效波高分别为 5.07m、5.25m、4.19m。

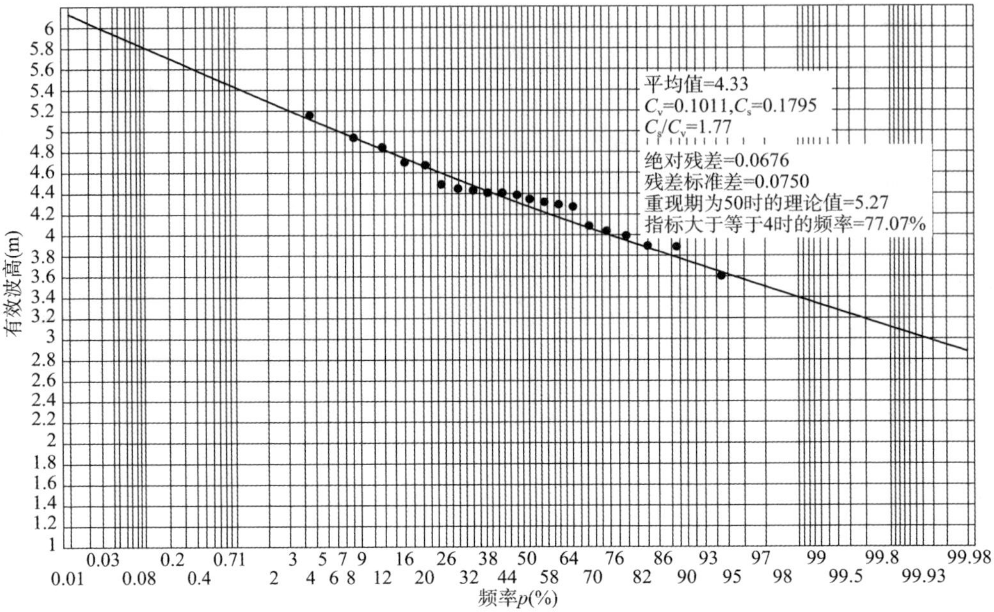

图 5-43　SE 向的 *P*-Ⅲ适线曲线图

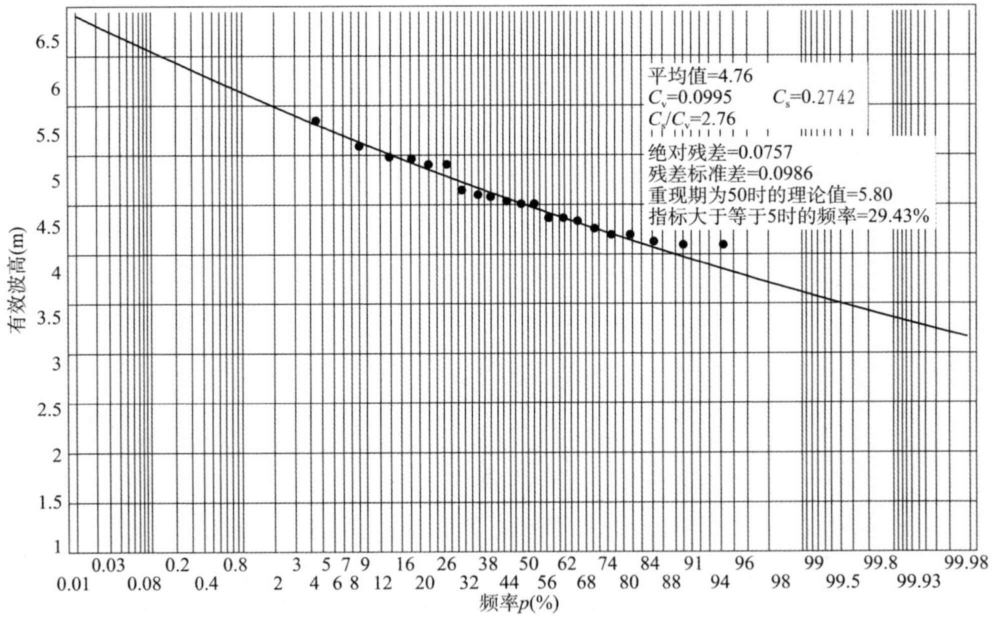

图 5-44　SSE 向的 *P*-Ⅲ适线曲线图

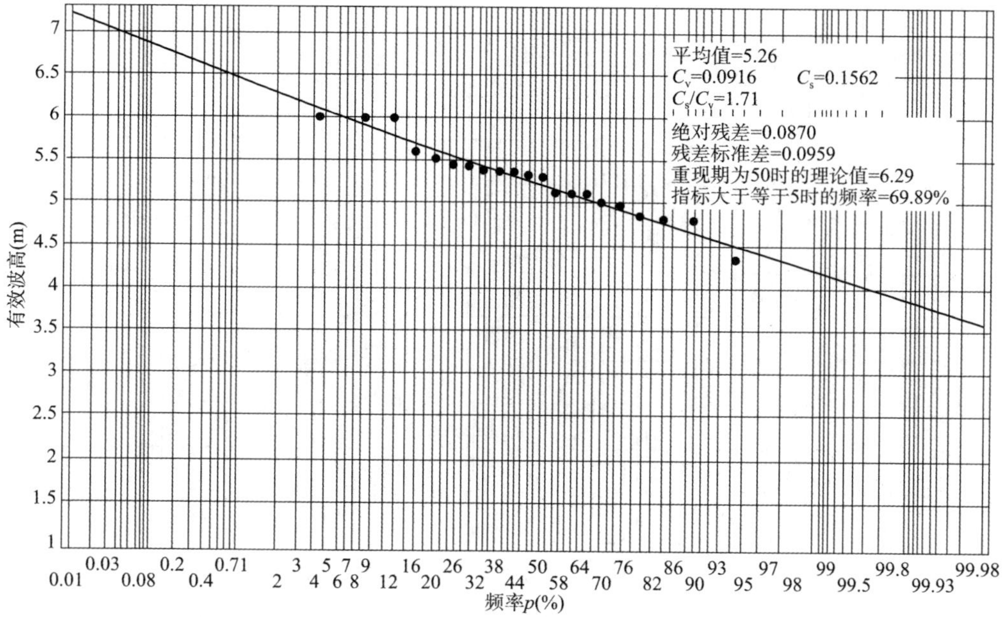

图 5-45　S 向的 P-Ⅲ适线曲线图

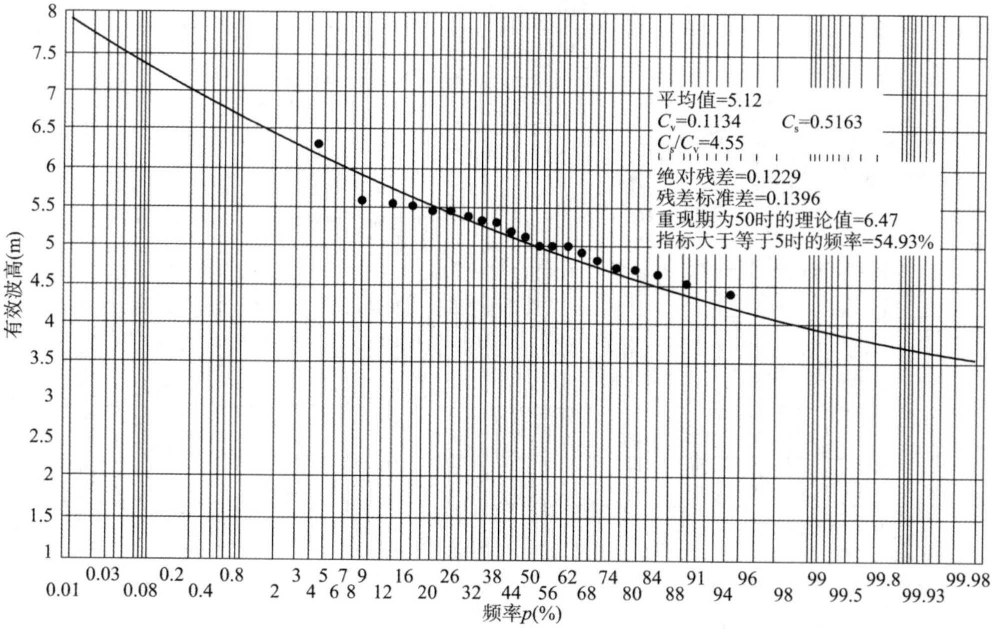

图 5-46　SSW 向的 P-Ⅲ适线曲线图

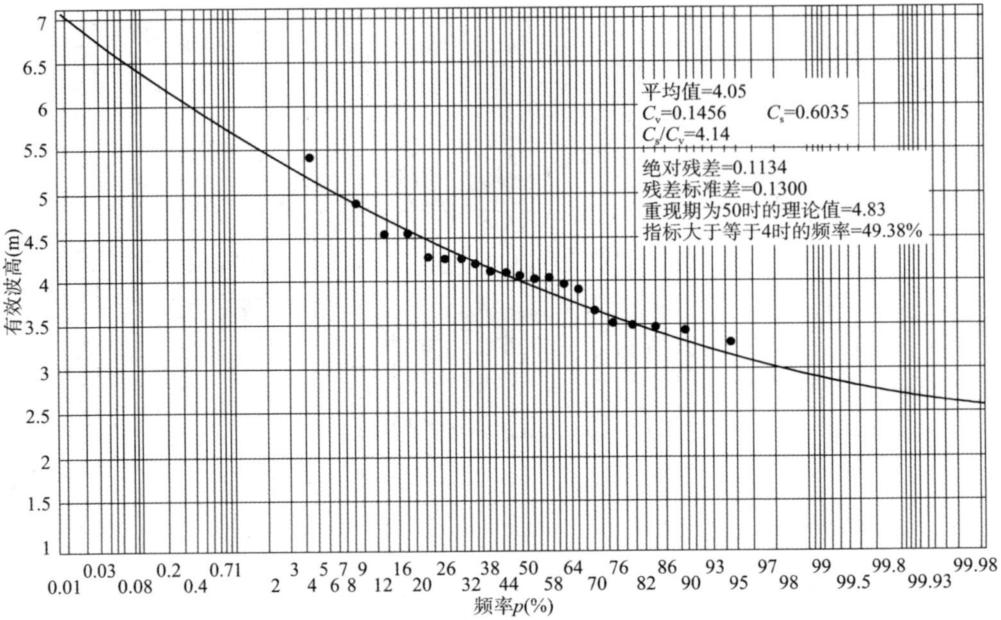

图 5-47 SW 向的 P-Ⅲ适线曲线图

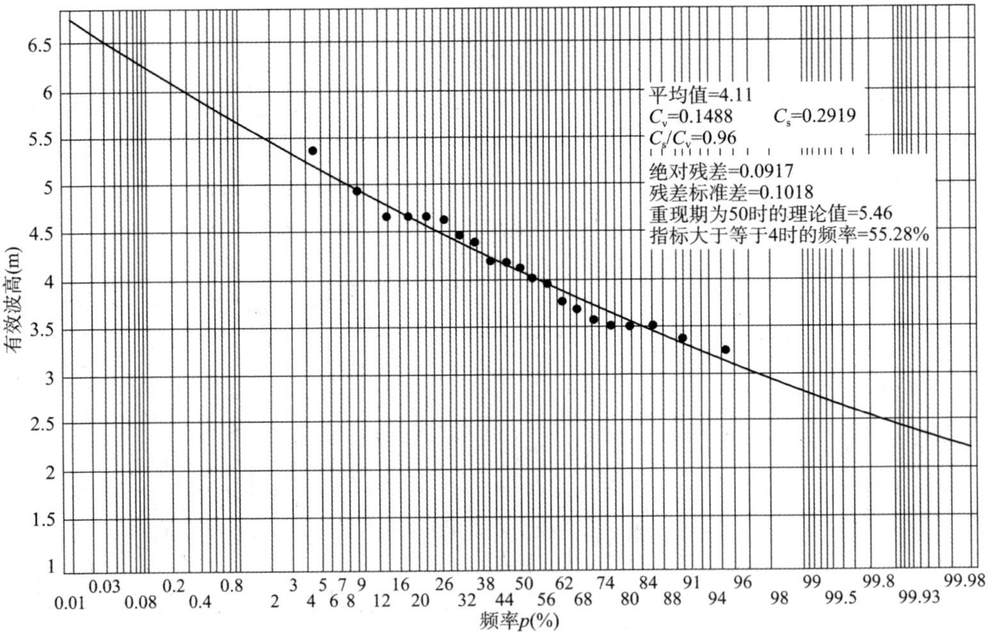

图 5-48 WSW 向的 P-Ⅲ适线曲线图

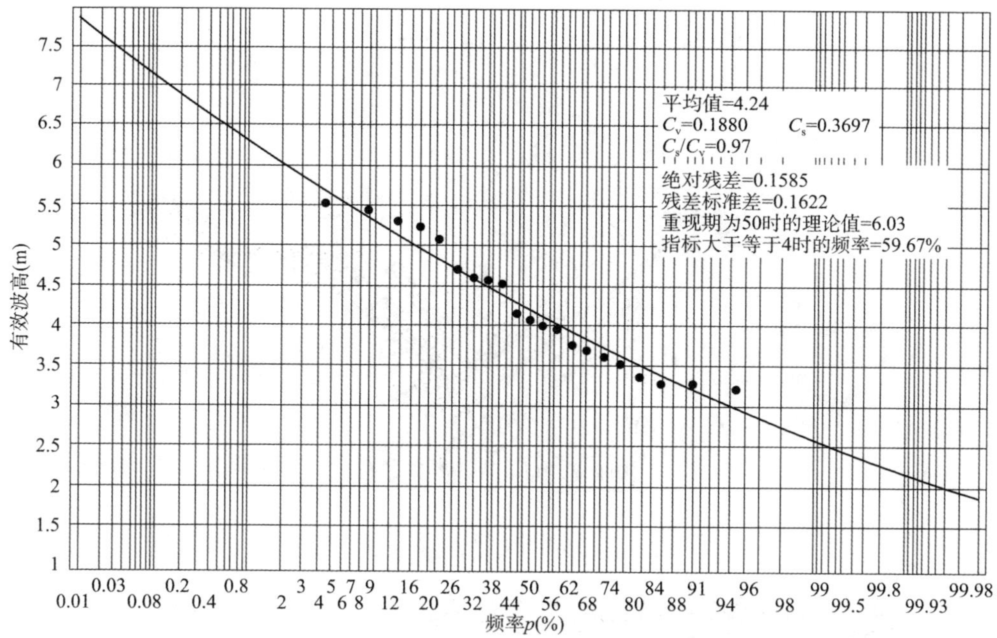

图5-49 W向的P-Ⅲ适线曲线图

工程区建筑物的设计波浪要素是通过SWAN与MIKE21-BW数学模型来推算。根据技术要求，防波堤海侧的设计波浪要素计算由SWAN模型来完成。防波堤内侧(需考虑防波堤的掩护作用)与码头的设计波浪要素由MIKE21-BW模型来完成推算。

工程区平面布置图如图5-50所示。其中，防波堤分为两期进行建设：防波堤一期有三个长度方案，分别为500m、550m、600m，本节次计算采用550m长的方案(如图5-50绿色区域所示)；防波堤二期有四个长度方案，分别为750m、800m、850m与900m，本节计算采用是850m方案(750m长的堤身配100m长弯堤头)。从图5-50计算点位置可知，A1～A6位于防波堤的海侧，B1～B4位于方案1中防波堤的港侧，B1～B6位于方案2中防波堤的港侧，M1～M7位于码头前沿。同时SWAN模型需要给BW数学模型的计算提供边界波浪条件(－20m等深线处)。BW模型计算区域和地形参见图5-51。

设计高水位重现期50年的各向有效波高分布图见图5-52～图5-58。极端高水位重现期50年的有效波高结果如表5-12所示。从计算结果分析，工程控制浪向为SSW向，测点A6有效波高6.14m。SW向与W向的有效波高分别为5.33m与5.18m。

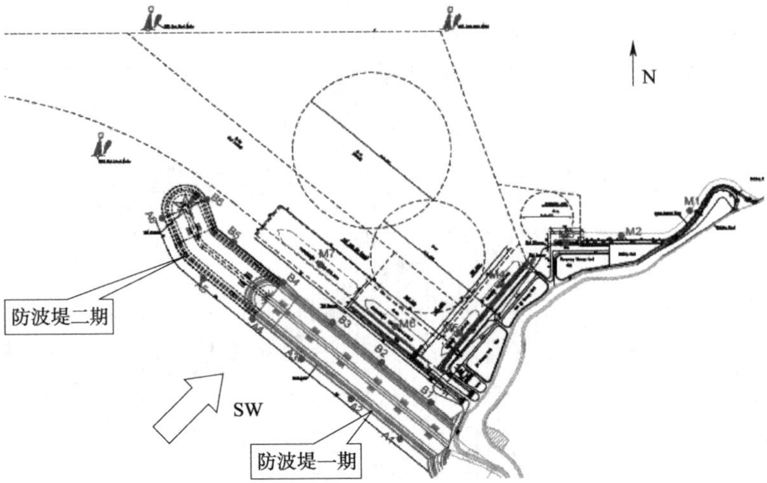

图 5-50　工程计算点位置

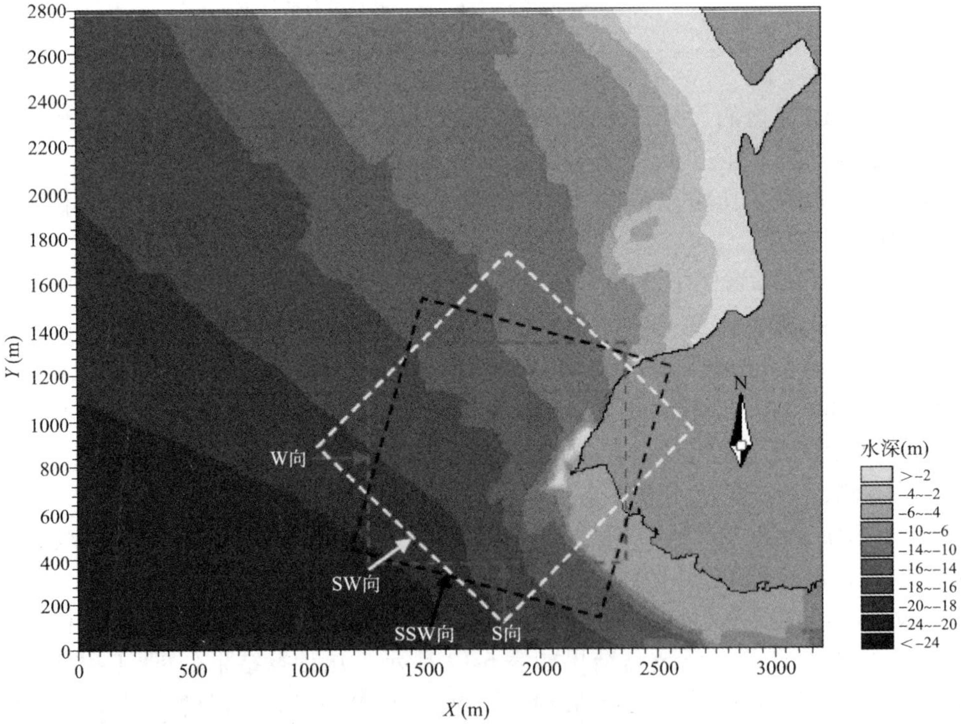

图 5-51　BW 模型计算区域和地形

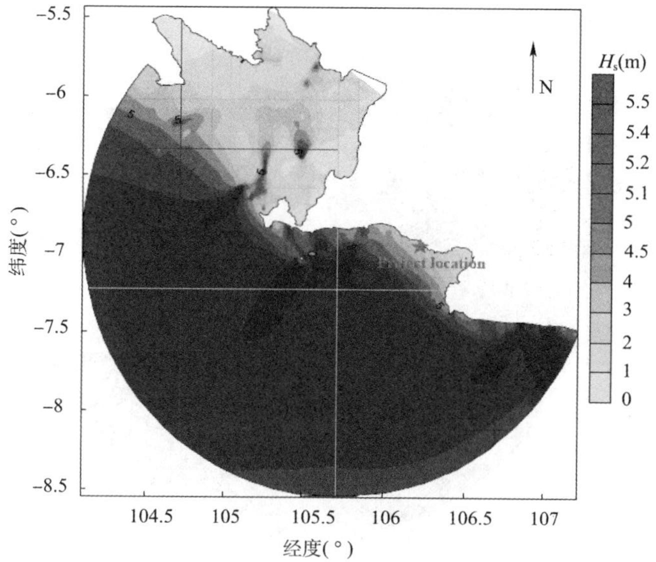

图 5-52　SE 向设计高水位重现期 50 年的有效波高分布图

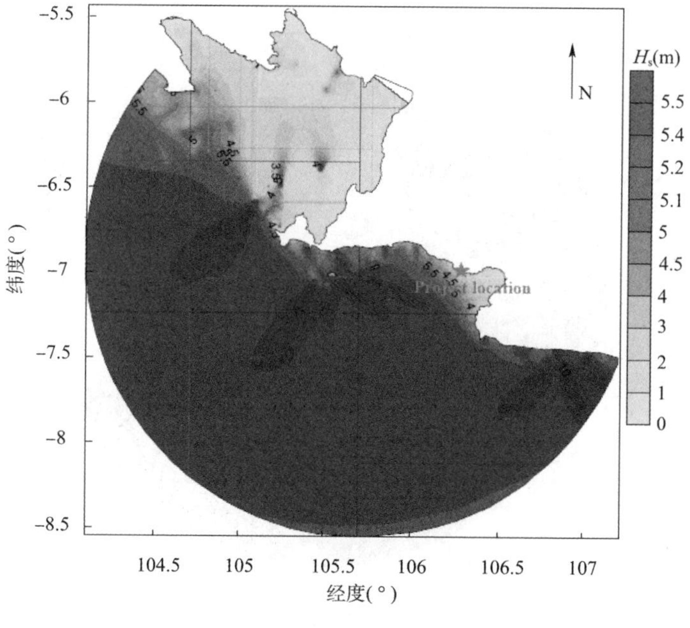

图 5-53　SSE 向设计高水位重现期 50 年的有效波高分布图

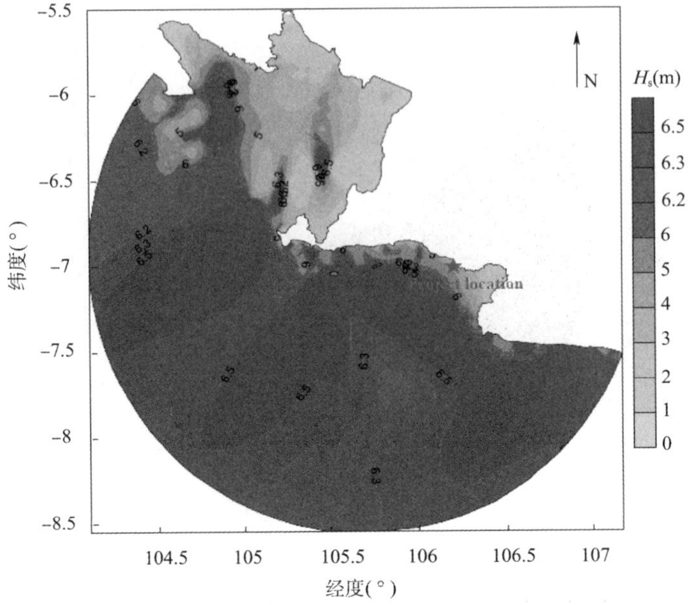

图 5-54　S 向设计高水位重现期 50 年的有效波高分布图

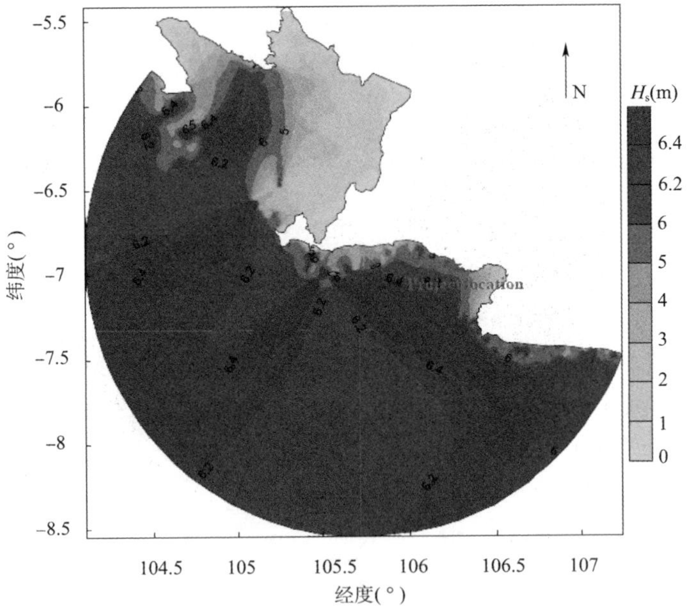

图 5-55　SSW 向设计高水位重现期 50 年的有效波高分布图

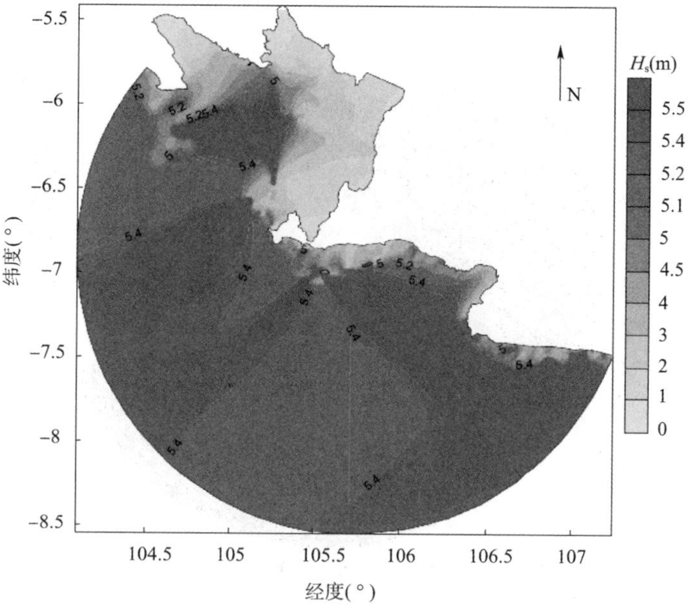

图 5-56　SW 向设计高水位重现期 50 年的有效波高分布图

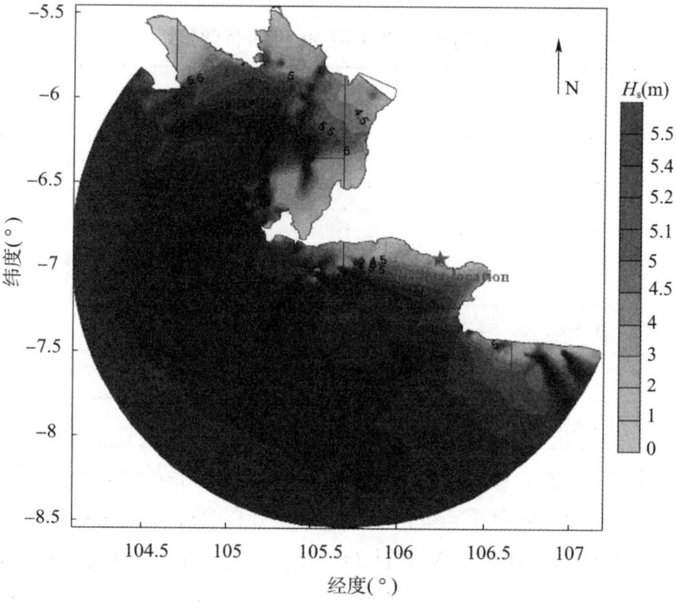

图 5-57　WSW 向设计高水位重现期 50 年的有效波高分布图

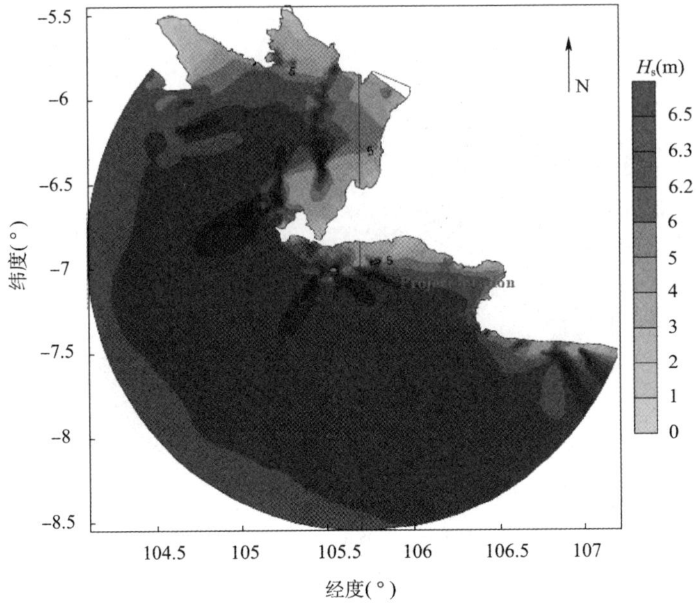

图 5-58　W 向设计高水位重现期 50 年的有效波高分布图

极端高水位重现期 50 年的有效波高　　表 5-12

测　点	方　向						
	SE	SSE	S	SSW	SW	WSW	W
A1	3.16	3.58	3.77	4.83	4.37	4.41	4.69
A2	3.44	4.03	4.31	5.74	4.89	4.39	4.91
A3	3.50	4.02	4.37	5.82	5.02	4.86	5.28
A4	3.59	4.24	4.73	5.86	5.12	4.89	5.29
A5	3.65	4.34	5.02	6.01	5.24	4.89	5.29
A6	3.65	4.43	5.21	6.14	5.33	4.83	5.18

当波浪由外海向近岸传播时,由于波浪的折射与绕射作用浪向会发生改变。在进行港区小范围 BW 模型试验时,边界位置处的波浪方向需按照实际的波向给出。设计高水位重现期 50 年,各个计算点的波浪方向见表 5-13。从表中可以看出,波浪到达防波堤处时浪向主要集中在 SSW ~ WSW 向。在 BW 模型边界处(-20m 等深线),波向集中在 S ~ SW 向。

设计高水位重现期 50 年各个计算点的波浪方向　　　　表 5-13

编号	方向													
	SE		SSE		S		SSW		SW		WSW		W	
	波向值	波向	波向值	波向	波向值	波向	波向值	波向	波向值	波向	波向值	波向	波向值	波向
A1	239	WSW	238	WSW	239	WSW	242	WSW	246	WSW	251	WSW	247	WSW
A2	219	SW	216	SW	212	SSW	214	SW	223	SW	236	SW	233	SW
A3	216	SW	212	SSW	208	SSW	209	SSW	219	SW	233	SW	230	SW
A4	213	SSW	209	SSW	204	SSW	207	SSW	218	SW	233	SW	230	SW
A5	211	SSW	206	SSW	202	SSW	206	SSW	218	SW	233	SW	230	SW
A6	210	SSW	205	SSW	201	SSW	206	SSW	218	SW	233	SW	231	SW
-20m	189	S	194	SSW	199	SSW	210	SSW	221	SW	229	SW	235	SW

BW 模型计算中,防波堤港侧为全吸收方案,不考虑防波堤的越浪。一期防波堤的计算点设置为 B1 ~ B4 点,二期防波堤的计算点设置是 B1 ~ B6 点。测点分布见图 5-50。对防波堤一期和二期工程,极端高水位重现期 50 年各计算点的有效波高值见表 5-14。从表中结果可知:防波堤一期港侧计算点 B4 的 SW 与 W 向有效波高为 1.45m 和 1.43m。防波堤二期港侧计算点 B6 的 SW 与 W 向的有效波高为 1.56m 和 1.65m。计算周期与外海周期一致。

极端高水位重现期 50 年各计算点的有效波高值　　　　表 5-14

防波堤	测点	S	SSW	SW	WSW	W
一期(550m)	B1	0.28	0.31	0.59	0.54	0.58
	B2	0.40	0.44	0.91	0.84	0.90
	B3	0.40	0.44	1.02	0.94	1.01
	B4	0.96	1.13	1.45	1.33	1.43
二期(850m)	B1	0.30	0.31	0.47	0.48	0.57
	B2	0.38	0.37	0.56	0.57	0.67
	B3	0.39	0.38	0.62	0.62	0.72
	B4	0.41	0.39	0.64	0.64	0.74
	B5	0.38	0.41	0.73	0.72	0.83
	B6	0.71	0.86	1.56	1.49	1.65

码头的设计波浪要素由 BW 数学模型计算得到。计算时分别考虑防波堤一期(550m)与防波堤二期(850m)建设相应航道开挖,但码头未建设条件下的码头设计波浪条件。计算边界条件与上节中边界条件一致。对防波堤一期 550m 方案进

行计算时，计算点为 M1 ~ M6；防波堤二期 850m 方案进行计算时，计算点为 M1 ~ M7，计算点的分布见图 5-50。极端高水位重现期 50 年码头前沿的各计算点有效波高见表 5-15。从计算结果看，防波堤一期 550m 方案最大波高出现在 M4 点，SW 与 W 向的波高分别为 0.95m 和 1.1m。防波堤二期 850m 方案，最大波高出现在点 M7，SW 与 W 向的有效波高分别为 0.8m 与 0.9m。计算周期与外海周期一致。

极端高水位重现期 50 年码头前沿的各计算点有效波高 表 5-15

防波堤	测点	S	SSW	SW	WSW	W
一期(550m)	M1	0.28	0.31	0.48	0.49	0.64
	M2	0.28	0.31	0.59	0.59	0.67
	M3	0.28	0.31	0.89	0.89	0.99
	M4	0.34	0.43	0.95	0.94	1.10
	M5	0.40	0.47	0.75	0.74	0.91
	M6	0.32	0.46	0.88	0.84	0.94
二期(850m)	M1	0.17	0.19	0.37	0.4	0.48
	M2	0.17	0.19	0.43	0.44	0.53
	M3	0.17	0.19	0.48	0.49	0.58
	M4	0.15	0.24	0.37	0.40	0.48
	M5	0.21	0.27	0.37	0.40	0.48
	M6	0.25	0.31	0.64	0.64	0.74
	M7	0.27	0.39	0.8	0.79	0.9

工程建设后，分析防波堤一期二期不同方案长度。防波堤一期工程，长度分别是 500m、550m 与 600m 时，计算点 M5 的有效波高分别为 1.61m、1.55m 与 1.49m。对于其他计算点，防波堤一期长度 550m 方案与 600m 方案，计算得到的有效波高对比相差不超过 6cm。因此防波堤长度为 550m 时，掩护效果及造价（长度）较为均衡。防波堤二期工程，长度分别是 750m、800m、850m 和 900m 时，M4 点处的有效波高分别是 1.42m、1.28m、1.14m 和 1.12m。因此防波堤长度为 850m 时，掩护效果及造价（长度）较为均衡。

5.2.2.2 泥沙运动规律应用

1）近岸含沙量特征

工程海岸为基岩—砂质海岸，周边沙源相对有限。其主要来源于邻近河流的径流输沙和近岸滩沙在波、流共同作用下挟带、搬运。本区邻近 Cimadur 河口，其旱、雨季河口呈现不同形态(图5-59),雨季期间波浪动力相对较弱,河口受降水导致径流作用明显,水体浑浊向外扩散,而旱季河口形势正好相反,河口外波浪作用显著。

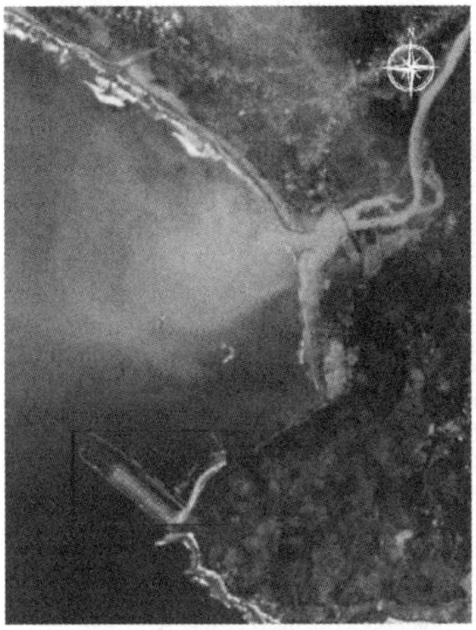
a)雨季

b)旱季

图5-59 Cimadur River 河口雨、旱季形势图

雨季期间河口混浊带扩散范围较大,2013年12月踏勘期间观察到的浑水带可延伸至河口外侧近2.0km半径的范围(图5-60),且还有继续向外海延伸的趋势,分界线附近水深接近-20m等深线。由于其还沿岸扩散,并受波浪横向作用影响,导致近岸一定范围内水体同样浑浊,因此,河流下泄泥沙可能成为影响本地区主要的沙源之一。另外,根据卫星遥感影像资料显示,最大影响范围可覆盖拟建工程区(图5-61),但根据印尼地区的工程经验和泥沙环境特点,浑浊带的悬沙含量沿程衰减很快,即使表面看上覆盖范围很广,但水体实际含沙量数值并不大。本区雨季实测含沙量结果及分析将在后文进行说明。

由于当地缺乏该河流水文测站,因此研究期间很难找到该河流的任何有关实测数据资料记录,故给研究带了一定困难,其输沙量尚难以准确确定,参考W+B公司前期研究分析,来自Cimadur河的输沙量在6万~15万m^3/a。

另一方面,本海区地处热带季风气候区,由于沿岸植被良好、气候湿润,基本不存在风对陆相泥沙的搬运。对于近岸及海床滩面来说,浪、流综合作用下的侵蚀和输移是一个不可忽视的泥沙来源之一。由于Bayah海岸地处SW向涌浪和风浪共同作用区,拟建工程周边近岸,如南侧岬角及西侧海岸波浪均较强,近岸滩沙在破碎波浪引起的裂流、沿岸流共同作用下,会发生一定的沿岸输送及向岸—离岸输送。另外,由河口下泄的径流输沙也参与岬湾内波、流共同作用的近岸输沙运动,Cimadur 河口的拦门沙嘴(图 5-62)即这类综合作用的结果。

a)镜向东北(上游向)

b)镜向西南(河口向)

图 5-60　Cimadur 河口现状

图 5-61　2010 年河口浑浊带覆盖了整个岬湾水域

图 5-62 Cimadur 河口的拦门沙嘴

根据 2013 年 12 月和 2014 年 1 月两次现场水文观测期间的踏勘，厂址附近海域泥沙来源主要为陆域来沙、海岸侵蚀及海域来沙。现场踏勘期间正值雨季，拟建工程水域整体波浪相对较小，岸滩破碎带较窄，拟建工程码头区水域相对较清，仅在雨后随着 Cimadur 河口水体悬沙带扩散而显浑浊，但实测含沙量值相对有限。

本次研究中，与潮流观测同步进行了 5 个测站点含沙量取样，取样点与潮流测点位置相同。各测站垂线平均含沙量统计结果见表 5-16。分析结果表明，各测站平面数值变化不大，其中 C3 相对略小，C5 和 C1 略大。其中，实测水域的整体垂线平均含沙量平均值介于 0.032 ~ 0.118kg/m^3，实测垂线平均含沙量最大值为 0.147kg/m^3（大潮期 C5 站），实测最小含沙量 0.012kg/m^3（中潮期 C3 站）。由于采样时间正处于 12 月份，因此可作为雨季含沙量参考值，也可代表全年较大的含沙量值。

实测垂线平均含沙量统计结果（单位：kg/m^3） 表 5-16

测站	大潮		中潮		小潮	
	平均值	最大值	平均值	最大值	平均值	最大值
C1	0.110	0.145	0.087	0.108	0.090	0.115
C2	0.073	0.112	0.054	0.078	0.053	0.067
C3	0.057	0.080	0.032	0.070	0.035	0.050
C4	0.098	0.132	0.058	0.075	0.063	0.087
C5	0.118	0.147	0.064	0.117	0.052	0.078

现场取样时间 2013 年 12 月，自南部岬头至 Cimadur 河口北侧覆盖整个拟建工程区布置取样 29 个。样品分析成果表明，工程海域沉积物质由细至粗依次为黏土（Clay）、淤泥（Silt）、砂（Sand）和砾石（Gravel）等沉积物质。沉积物中以砂为主要成分，个别底样的砂砾或淤泥含量较高，在所有的样品中黏土的含量基本为零。沉积物的中值粒径在 0.088 ~ 8.472mm 之间，除 7-1 和 8-1 号样品大于 1.0mm 外，实测区域中值粒径均在 0.088 ~ 0.414mm 之间，平均值在 0.09mm 左右，以细砂和中砂为主。从沉积物中值粒径分布（图 5-63）情况看，各实测断面的粒径整体分布均匀，各站结果相对接近，除了靠近南侧岬头略粗之外，底质随近岸水深没有显著变化。

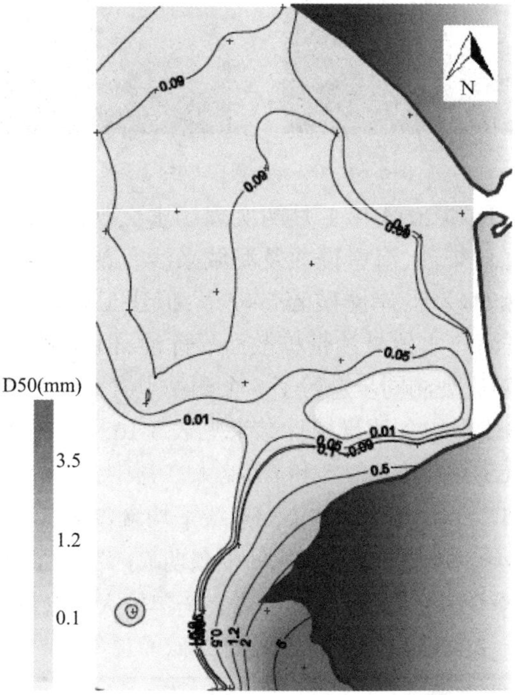

图 5-63　海床表层沉积物中值粒径（D50）分布图

2）潮流特征

为便于与现状潮流场进行对比，同样重点分析了实测大潮工况下的工程后潮流场。图 5-64 和图 5-65 为工程后海域的涨急和落急流场图，图 5-66 和图 5-67 为工程后海域的最大流速和平均流速分布。从图中分析得出，工程实施后潮流场具有以下特点：

(1)工程建成后,受建筑物影响工程海域流向发生变化,原防波堤位置的 NE-SW 向流变为 NW-SE 向流(沿防波堤方向)。同时在涨潮时防波堤堤头后方形成一顺时针涡旋,并随着涨潮的进行,涡旋中心向 NE 向移动,涡旋不断扩大,最大范围可接近 A1 泊位的回转区,但在整个涡旋形成及消失的工程中,其强度一直有限。在落潮时,在港区内并未形成涡旋。

(2)工程建成后,岬角的挑流作用被削弱,涨落潮主要受到防波堤堤头的挑流作用,在落潮时形成较大流速,可达 0.6m/s。

(3)受到防波堤的遮挡作用,泊位及回转区,尤其是 B1 及 B2 泊位处,流速下降明显,平均流速在 0.04 ~0.1m/s。远离工程区域水流运动趋势与工程前基本保持一致。

表5-17 给出了工程区内港池、航道不同位置处计算点的流速(计算点位置见图5-68)。总的来看,海域潮流动力较弱,工程建成后又受到防波堤的遮挡作用,使得工程海域内的流速明显降低。从表中可以明显看出,流速大小由防波堤堤头向港池内迅速降低,码头泊位处的最大流速不超过 0.15m/s,航道出口最大流速 0.27m/s,平均流速仅 0.14m/s。

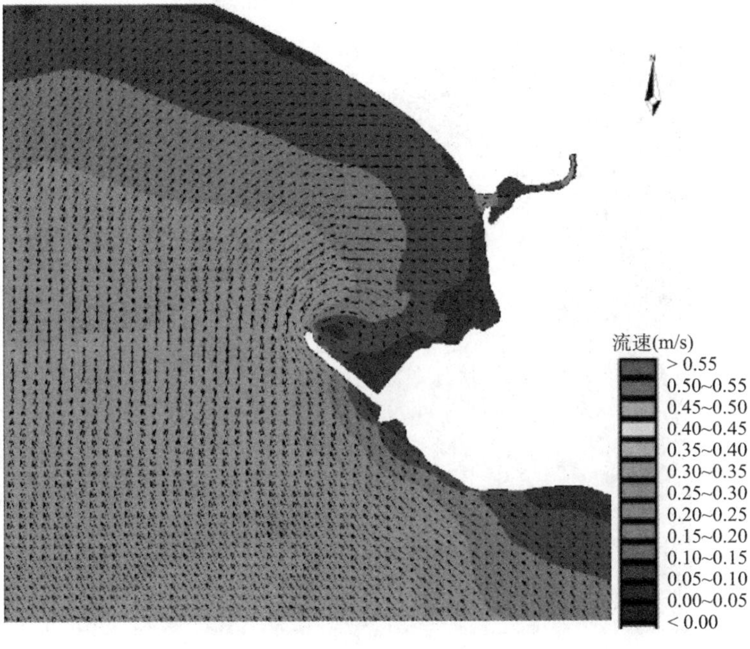

图5-64 大潮期间工程后海域涨急流场

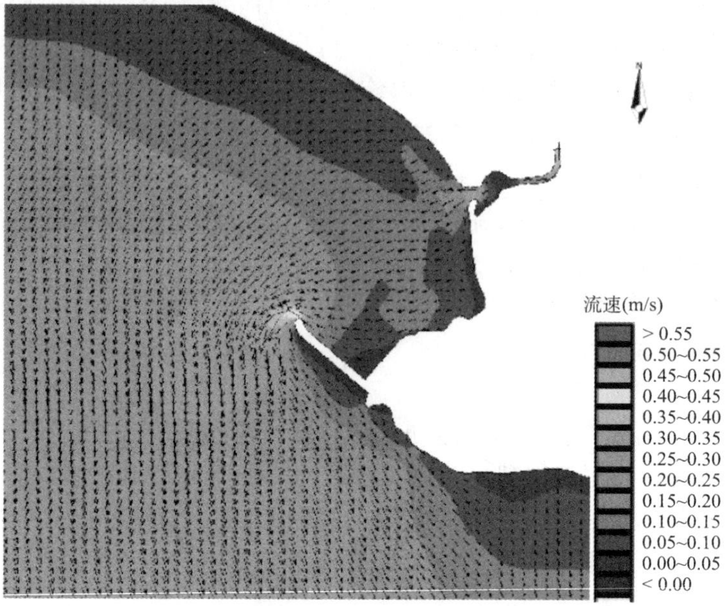

图 5-65　大潮期间工程后海域落急流场

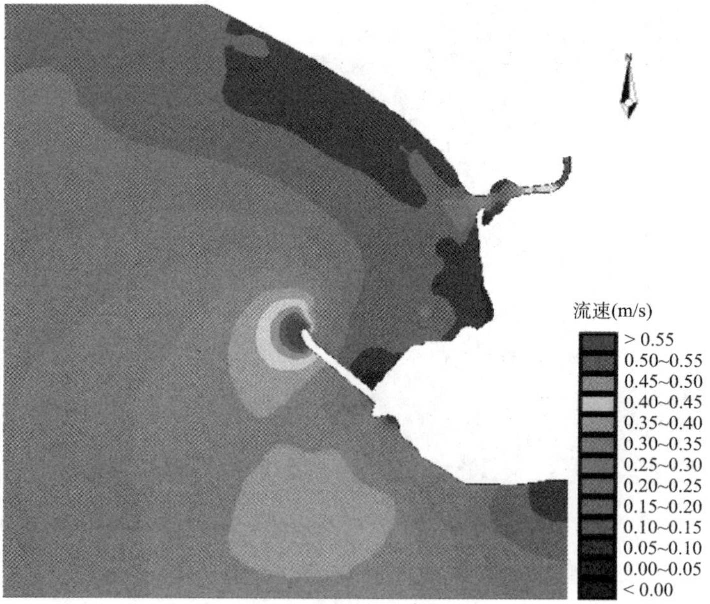

图 5-66　期间工程后海域最大流速分布

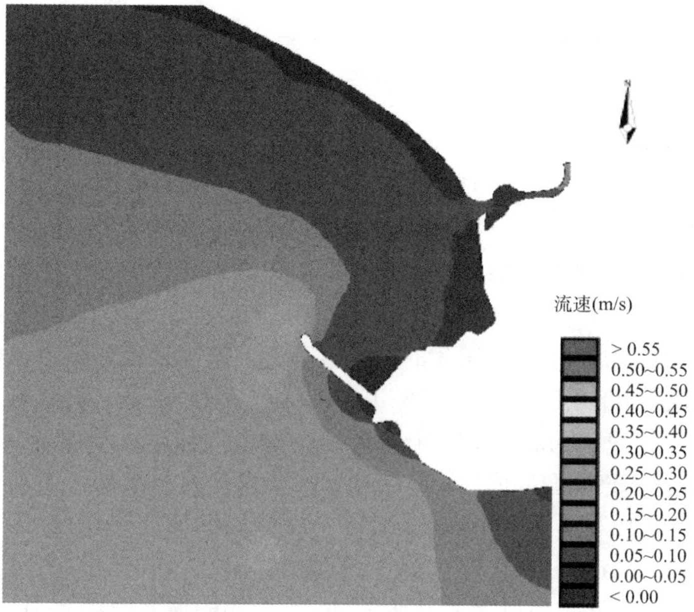

图 5-67　工程后海域平均流速分布

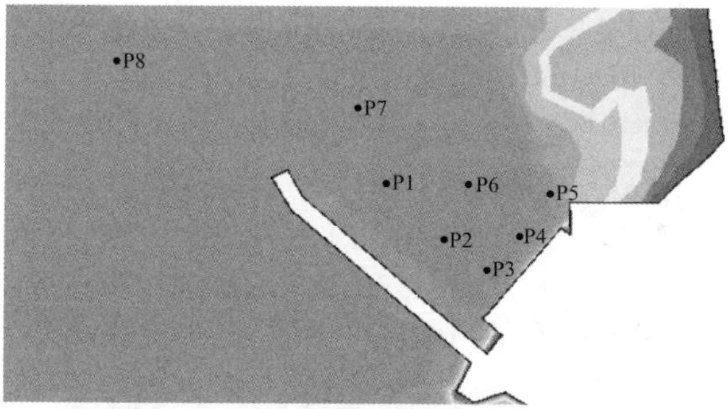

图 5-68　计算点位置分布示意图

工程后不同位置处流速统计(单位:m/s)　　表 5-17

位　　置	计　算　点	最大流速	平均流速
泊位附近	P1	0.15	0.08
	P2	0.11	0.06
	P3	0.06	0.04
	P4	0.10	0.04
	P5	0.14	0.07

续上表

位　置	计 算 点	最 大 流 速	平 均 流 速
进港航道及回旋水域	P6	0.11	0.06
	P7	0.20	0.10
	P8	0.27	0.14

3)输沙能力估算

在一般情况下,海滩的剖面形态主要取决于当地岸滩的横向输沙特点,而海滩的平面形态主要取决于沿岸输沙特点。但两者又是密切相关、互相联系、互为补充的。在正向波浪作用下,沙质海滩的横向输沙是具有周期性的特点,即旱雨季交替及旱季的较强波浪作用下,横向输沙以离岸运动为主,岸线呈蚀退状态,岸滩具有"BAR 型剖面"特征;在雨季相对弱浪期,横向输沙以向岸运动为主,岸线呈淤进状态,岸滩多具有"STEP 型剖面"特征。但在比较强烈的波浪条件下,导致大量泥沙离岸输移并淤积在水深较大海域,这时的岸滩侵蚀的修复则往往需要由沿岸输沙予以补充。径流输沙和近岸沙滩的砂源在斜向波浪作用下,将在破波区产生沿岸输沙。拟建工程沿岸主要以基岩和礁石为主,相邻的偏北一侧至河口之间的岸滩是典型的滨海沙质海滩,沙滩上的泥沙运动主要为纵向(沿岸方向)和横向(向—离岸方向)运动。区近岸海域范围内波浪作用优势浪向为偏 SSW-SW。

横向输沙分别采用 SMB 公式、徐啸关系式、夏都公式和 CERC 公式对沿岸输沙能力进行计算,计算断面选取拟建工程邻近的沙滩海岸(A-A),如图 5-69 所示。

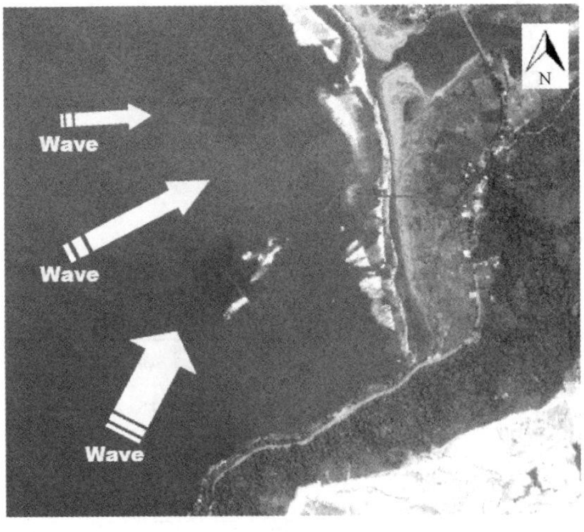

图 5-69　横向输沙计算断面

不同模型岸滩沿岸输沙率的估算结果如表 5-18 所示。

拟建工程区沙滩沿岸输沙能力计算($\times 10^4$ m^3/a) 表5-18

计算模式	自南向北	自北向南	净输沙量
SMB公式	8.4	4.0	4.4(自南向北)
徐啸公式	7.1	3.9	3.2(自南向北)
夏都公式	5.9	2.9	3.0(自南向北)
CERC公式	7.1	4.0	3.1(自南向北)

从计算结果可以看出,虽然不同公式计算值有所差别,但是总的输沙量级和规律性是一致的,即天然条件下,拟建工程相邻的沙滩北侧海岸每年自南向北输沙能力为8万 m^3 左右,自北向南输沙能力约为4万 m^3,净输沙率自南向北平均4万 m^3/年左右。

海滩上的泥沙颗粒一方面因波浪作用而有向岸运动的倾向,另一方面又在重力的作用下而有离岸沿沙滩斜坡向外海方向运动的趋势,其运动方向取决于上述两种力量对比消长的结果,这构成了垂直于海岸方向的泥沙运动,也称之为横向输沙。从现场情况和有关记录看,拟建工程海岸沿岸输沙能力和实际输沙量相对有限,而近岸呈现一定的侵蚀,那么由此判断横向输沙在海岸演变发展中也扮演了重要角色。控制横向净输沙的大小和方向的主要因素可概括为:①由于水深变浅引起的波浪不对称;②沙纹尺度和沙纹形状的不对称;③局部底坡等。

采用砂村(Sunamura)公式计算工程区域的横向输沙。计算结果表明常年横向输沙能力约为 $q_{net}=2.25\times10^{-6}m^3/m\cdot s$,这部分沙量将是该海域近岸运动较为活跃的沙量能力估算值,也是随着工程区波浪动力强、弱而向、离岸运动的沙量,与沿岸输沙一起构成了砂质海岸的主要运动形式。

为进一步分析波浪作用下泥沙的起动程度,采用波浪作用下的泥沙起动波高公式,即佐藤—田中计算式(1962)对本区起动波高进行估算,计算结果见表5-19。从计算结果可以看出,在拟建工程区近岸,海床表层底砂在0.85m波高即可发生完全起动,而小于此粒径的泥沙更易起动。依据表5-19的结果估算,拟建工程区位于天然水深-16.0m等深线以内的岬湾砂质海床上,结合表5-19,2.0m以下的波高可使表层起动,对照本区已有统计波浪资料和波浪数模计算结果,以上水深处的泥沙能够满足波浪作用下的起动条件。

不同水深的起动波高 表5-19

等深线(m)	起动波高(m)	
	表层起动	完全起动
-5.0	0.85	1.50
-8.0	1.12	1.98
-10.0	1.29	2.29

续上表

等深线(m)	起动波高(m)	
	表层起动	完全起动
-12.0	1.46	2.59
-15.0	1.71	3.04
-18.0	1.98	3.51

综上所述,波浪将是本区泥沙掀扬的主要动力条件、而潮流将是促成泥沙输运的辅助动力条件,而特别是近岸破碎带内波、流共同作用则泥沙将更易运动输移,因此泥沙冲淤计算需同时考虑波、流两种动力因素。但由于沿工程所在海岸的砂源有限、近岸径流输砂补充不足、工程区岸段略有侵蚀痕迹,因此波、流共同作用导致的泥沙运动规模和活跃性也相对受到一定控制。

4)泥沙冲淤模型计算

针对工程所在海域的特点,在平面二维潮流数学模型基础上,建立水动力泥沙数学模型,采用 MIKE21 模型中的 MT 泥沙模块,计算中考虑了波浪对泥沙运动的影响。利用已经验证的潮流泥沙场模型即可模拟各种工程方案实施后的泥沙淤积,计算时将代表动力条件下的结果概化为一次完整的潮周期,并按照一年内的潮周期个数进行累计计算,以获得年冲淤强度和冲淤量。通过工程前后含沙量场的计算比较和淤积强度结果,可以了解工程实施后的港区淤积变化,从而对方案进行评价。

使用泥沙运动数学模型,对工程建成后的港区水沙条件进行了计算分析。图 5-70 和图 5-71 是工程建成后的涨急和落急时刻含沙量场。涨急时刻水流绕过堤头形成较大流速,挟沙能力较强,因此含沙量也较高;落急时刻,由于防波堤的遮挡,部分径流输沙不能随潮流向外海扩散,造成港区含沙量相比涨急时刻较高。

基于本次实测资料,考虑到旱、雨季差异主要反映在径流输沙,而整个海域的含沙量场变化还是以水域波、流动力控制的,因此按照本次实测验证的条件,估算全年平均淤强分布,如图 5-72 所示。

结果表明,主要在河口外侧及港区形成落淤。其中 Cimadur 河高含沙水流下泻后,海域水动力条件较弱,且有涨潮流的顶托作用,造成泥沙形成类似于拦门沙的落淤,形成沙坎。港区落淤主要是由于防波堤的遮挡造成港区水流条件变弱,致使水体挟沙能力降低,导致悬砂落淤,同时堤头和口门处动力的局部增强,特别是波浪引起的输沙运动亦会引起一定的底砂输送。另外,由于河道部分缺乏水深数据,本次研究中根据经验所给定的一定径流量条件下,河道内的冲淤计算结果会有一定误差。湾内布置特征计算点 1 ~ 11,各计算点淤积强度值见表 5-20。可计算得出平均淤强为 0.16m/a,港内及航道淤积量为 9.00 万 m^3/a。

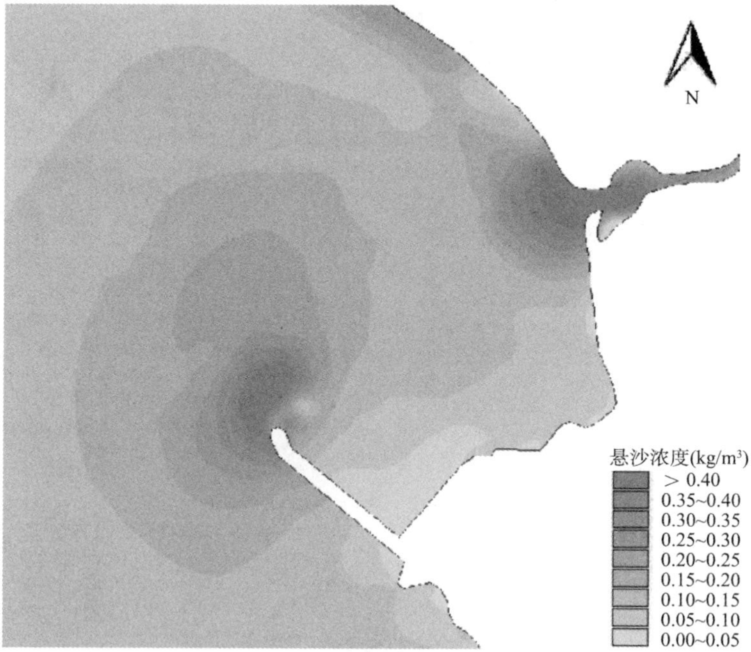

图 5-70　工程建成后涨急时刻含沙量场

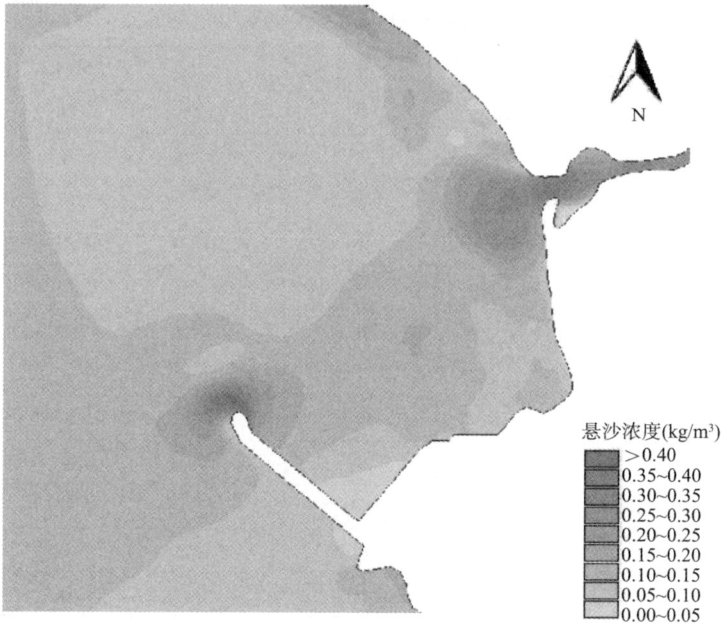

图 5-71　工程建成后落急时刻含沙量场

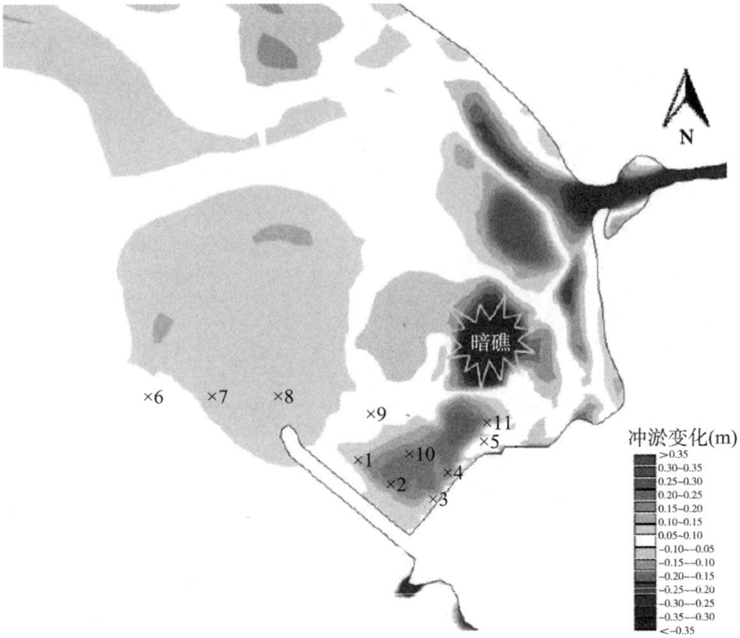

图 5-72　工程建成后年均淤积量分布图

各计算点年均冲淤结果　　表 5-20

位　置		计 算 点	年均淤强(m/a)
泊位区	A1 Jetty(for Future)	1	0.14
	A2 Jetty	2	0.22
	B1 Jetty	3	0.27
	B2 Jetty	4	0.21
	Temporary Jetty	5	0.11
进港航道		6	0.04
		7	0.09
		8	0.07
港内回转区		9	0.03
		10	0.24
		11	0.31
平均淤积强度(m/a)			0.16
港区年均淤积量(万 m^3/a)			9.00

5.2.2.3 施工方法应用

在 Gama 工程的施工中，基于 Adipala 工程的施工经验，该工程从设计阶段开始便应用了该技术报告中相关技术内容，包括断面的模型与施工优化、波浪预测、浮标定位与小型开体驳联合水上施工、钢丝网石笼配合人工块体的堤头临时防护等措施，最大限度地减少施工损失，加快了施工速度。

Gama 工程的利用断面优化技术，结合物理实验模型和施工条件，对防波堤断面坡脚、内坡等进行了调整优化，既节约了工程成本，又方便施工，减少了破坏的风险；利用波浪预测技术，根据现场波浪环境变化和预报网站 www. surf-forecast. com 能量数据表的比对，以准确地掌握波浪变化规律，做到堤头及时防护；利用浮标定位与小型开体驳联合水上施工技术，即便是季风期大浪环境，每月仍有超过 70% 以上的作业时间，4 艘小型开体驳日均抛填量近 $3000m^3$，可以极大地缓解陆上施工强度，同时，小型开体驳水抛可顺利完成水下超过 80% 的工作量，也可以完成超出陆上起重机能力范围之外的护底石和垫层石抛填工作，为增加陆上推填日有效进尺和使用普通陆上起重机完成防波堤断面创造了条件；按照“小浪小防、大浪大防、快装快拆”十二字原则进行堤头有效防护，做到既不过度防护，也避免防波堤临时防护不到位的情况，确保防护效果，稳扎稳打地推进防波堤施工进度工作，避免因防护不及时、不到位而造成防波堤临时堤头失稳而里程倒退的情况发生。

5.2.3 社会经济效益

经过本技术的应用，KARANG TARAJE 码头工程的防波堤项目在整个施工过程中未发生过严重破坏，为施工单位节约成本至少 9000 万元。目前施工进度较设计工期提前了 4 个月，为水泥厂的提前运营创造了条件，使投资能够提前创造经济效益。

5.3 本章小结

本章列举两个典型的长周期波浪条件下的防波堤施工工程，通过利用该技术报告中的科研、设计和施工等关键技术，极大地节约了施工成本，加快了施工速度，为工程的提前竣工创造了条件。其中 Adipala 项目提前完成工期 90 天，总经济效益 7000 万元，Gama 项目提前完成工期 120 天，总经济效益 9000 万元。应用也进一步证明，本书提出的一套适应于长周期波浪条件下防波堤的建设技术，适应于恶劣条件下防波堤的建设，技术方法可行、经济、有效，能够为海外工程恶劣条件的类似工程提供经验和借鉴。

第6章 主要结论

长周期波浪条件下防波堤建设技术是适应于特殊环境下的一整套的防波堤建设技术,涉及科研、设计和施工等多方面。该技术实用、可行、经济,技术内容丰富,创新性强,有着很高的推广应用价值。

该技术体系主要包括如下几方面内容:

(1)根据现场实测资料,系统研究了印度洋印尼南岸的水文气象条件和泥沙运移特征,掌握了工程海区的潮汐和潮流特征、波浪的年分布规律以及泥沙来源与运动特征,为工程的设计施工提供了基础性依据。同时,分析了波浪周期对防波堤堤心结构稳定性的影响,在施工过程中堤心推进的情况下,研究中长周期波浪作用下的流失规律、失稳特性,形成中长周期波浪作用下防波堤堤心成形施工技术。

(2)通过缩短分项间隔确保防护效率,做到及时防护,并根据不同的工况作业环境,针对性地提出了采用钢丝网石笼配合块体进行堤头防护的措施,最大限度地降低堤头防护成本,提升项目运行效益;探究了气幕式堤头临时防护措施的有效性,结果表明此技术可作为现有的钢丝石笼与护面块体结合的堤头防护措施的补充,有助于进一步降低施工期临时防护的成本,提高施工效率。通过上述方法,最大限度地减缓陆上施工压力,提高了防波堤施工速度,降低了防波堤的破坏风险,减少了防波堤施工期的防护成本和泥沙清淤成本,对防波堤的顺利完成起到了重要的作用。

(3)采用浮标定位与小型开体驳联合施工的水上抛填模式,有效克服了常年强浪环境的大型施工船舶不能施工的限制。基于研究成果,提出了半潜式深水施工平台的新技术。

(4)在 Adipala 项目和 Gama 项目的实施过程中,成功使用了上述设计方法和施工工艺,极大地提高了施工效率,降低了工程造价。Adipala 项目提前完成工期 90 天,总经济效益 7000 万元。Gama 项目提前完成工期 120 天,总经济效益 9000 万元。

附录　驳船静水力表

静 水 力 表　　　　附表

吃水	排水量	浮　　心			水线面积	横向恢复力臂	纵向恢复力臂	横稳心高	纵稳心高
(m)	(mt)	(m)	(m)	(m)	(m^2)	(m)	(m)	(m)	(m)
0.2	0.39	0	0	0.1	2	80.29	80.29	80.19	80.19
0.4	0.77	0	0	0.2	2	40.29	40.29	40.09	40.09
0.6	1.16	0	0	0.3	2	27.03	27.03	26.73	26.73
0.8	1.54	0	0	0.4	2	20.45	20.45	20.05	20.05
1.0	1.93	0	0	0.5	34	107.33	43.01	106.83	42.51
1.2	15.44	0	0	1.03	66	25.7	25.7	24.67	24.68
1.4	28.94	0	0	1.15	66	14.31	14.31	13.16	13.16
1.6	42.45	0	0	1.26	66	10.23	10.24	8.97	8.97
1.8	49.4	0	0	1.32	2	1.94	1.94	0.63	0.63
2.0	49.78	0	0	1.32	2	1.94	1.94	0.62	0.62
2.2	50.17	0	0	1.33	2	1.94	1.94	0.62	0.62
2.4	50.56	0	0	1.34	2	1.95	1.95	0.61	0.61
2.6	50.94	0	0	1.35	2	1.95	1.95	0.61	0.61
2.8	51.33	0	0	1.36	2	1.96	1.96	0.6	0.6
3.0	51.71	0	0	1.37	2	1.96	1.96	0.6	0.6
3.2	52.1	0	0	1.38	2	1.97	1.97	0.59	0.59
3.4	52.48	0	0	1.39	2	1.98	1.98	0.59	0.59
3.6	52.87	0	0	1.41	2	1.99	1.99	0.58	0.58
3.8	53.25	0	0	1.43	2	2.01	2.01	0.58	0.58
4.0	53.64	0	0	1.44	2	2.02	2.02	0.58	0.58
4.2	54.02	0	0	1.46	2	2.03	2.03	0.57	0.57

续上表

吃水	排水量	浮　　心			水线面积	横向恢复力臂	纵向恢复力臂	横稳心高	纵稳心高
4.4	54.41	0	0	1.48	2	2.05	2.05	0.57	0.57
4.6	61.36	0	0	1.83	66	8.04	8.04	6.21	6.21
4.8	74.87	0	0	2.35	66	7.43	7.43	5.09	5.09
5.0	88.37	0	0	2.74	66	7.05	7.05	4.31	4.31
5.2	101.88	0	0	3.05	66	6.79	6.79	3.74	3.74
5.4	115.39	0	0	3.31	66	6.61	6.61	3.3	3.3
5.6	128.9	0	0	3.54	66	6.5	6.5	2.95	2.95
5.8	142.41	0	0	3.75	66	6.42	6.42	2.67	2.67
6.0	155.92	0	0	3.93	66	6.38	6.38	2.44	2.44
6.2	169.43	0	0	4.11	66	6.35	6.35	2.25	2.25
6.4	182.93	0	0	4.27	66	6.35	6.35	2.08	2.08
6.6	196.44	0	0	4.42	66	6.36	6.36	1.94	1.94
6.8	209.95	0	0	4.57	66	6.38	6.38	1.81	1.81
7.0	223.46	0	0	4.71	66	6.41	6.41	1.7	1.7
7.2	236.97	0	0	4.85	66	6.45	6.45	1.61	1.61
7.4	250.48	0	0	4.98	66	6.5	6.5	1.52	1.52
7.6	263.98	0	0	5.11	66	6.55	6.55	1.44	1.44
7.8	277.49	0	0	5.23	66	6.61	6.61	1.37	1.37
8.0	291	0	0	5.36	2	5.46	5.46	0.11	0.11
8.2	291.39	0	0	5.36	2	5.47	5.47	0.11	0.11
8.4	291.77	0	0	5.36	2	5.47	5.47	0.11	0.11
8.6	292.16	0	0	5.37	2	5.47	5.47	0.11	0.11
8.8	292.54	0	0	5.37	2	5.48	5.48	0.11	0.11
9.0	292.93	0	0	5.38	2	5.48	5.48	0.11	0.11
9.2	293.31	0	0	5.38	2	5.49	5.49	0.11	0.11
9.4	293.7	0	0	5.39	2	5.49	5.49	0.11	0.11
9.6	294.08	0	0	5.39	2	5.5	5.5	0.11	0.11
9.8	294.47	0	0	5.4	2	5.5	5.5	0.1	0.1

参 考 文 献

[1] 陈汉宝,郑宝友. 中国海岸波浪特征与建港条件研究[J]. 港工技术,2005,(3):1-3.

[2] 陈汉宝,戈龙仔,王美茹,等. 双联块体稳定性试验研究及参数测定[J]. 水运工程,2013,(6):20-23.

[3] 陈汉宝,张先武,高峰. 印度尼西亚 Adipala 海岸水文与泥沙条件分析[J]. 水道港口,2013,34(5):369-375.

[4] 周加杰,罗春艳,钟少杰,等. 印尼 Adipala 防波堤水文特性分析及施工技术[J]. 水运工程,2013,480(6):186-189.

[5] 中华人民共和国行业标准. JTJ 298—1998 防波堤设计及施工规范[S]. 北京:人民交通出版社,1999.

[6] 周加杰,罗春艳,靳克,等. 长周期波作用下斜坡式防波堤稳定性及施工分析[J]. 中国港湾建设,2013,(5):21-24.

[7] 周加杰,曹兵,李汉渤. 印尼爪哇岛面临印度洋海域波浪特性及防波堤施工技术分析[J]. 中国港湾建设,2014,(4).

[8] 曹兵,靳克,周加杰. 印尼 Adipala 防波堤施工期波浪与堤头防护分析[J]. 水运工程,2014,(1):188-191.

[9] Bao, C. H., et al. Experiment study on overtopping of sloping breakwater by swell [C]. Proceedings of the 7th International Conference on Asian and Pacific Coasts, Bali, Indonesia, 2013.09.

[10] 付旭辉,李义天,杨胜发,等. 大比降卵砾石河流钢丝石笼防冲性能试验[J]. 武汉大学学报:工学版,2010,43(4):419-422.

[11] 戴鹏,李鑫. 斜坡式防波堤中抛石施工工艺及质量控制[J]. 中国水运月刊,2014,14(7).

[12] 刘金芳,俞慕耕. 北印度洋风浪场特点及最佳航线分析[J]. 热带海洋学报,1998,(1):17-25.

[13] 刘庆志. 印尼 PACITAN 电厂东防波堤设计简介[J]. 湖南交通科技,2010,(4):114-117.

[14] 朱成. 印尼巴齐丹码头防波堤施工[J]. 科技资讯,2010(11):111-112.

[15] 中华人民共和国行业标准. JTS 154-1—2011 防波堤设计及施工规范[S]. 北京:人民交通出版社,2012.

[16] Carr, J. H. , Hydro. Structures Div. , Caltech, Report N-64. 2, Dec 1950.

[17] Schiff, L. I. , Hydro. Structures Div. , Caltech, Report N-64. 1, June 1949.

[18] Hensen, W. , Dock and Harbour Authority, 1955, 36(416) :57-60.

[19] Wetzel, J. M. , St. Antony Falls Hydro. Lab. , Minneapolis. Proj. Proj. Report No. 46, May 1955.

[20] Teplov, A. V. , Moscow USSR 1954. Translation by Ministry of Supply, London, Dec. 1958.

[21] Kurihara, M. , Movement of beach materials by wave motion[C]. Proc. 3rd Conf. on Coastal Eng. in Japan. Nov. 1956.

[22] EVANS J T. Pneumatic and similar breakwaters[J]. Proceeding of the Royal Society of London. Series A, Mathematical and Physical Sciences, 1955, 231 (1187): 457-466.

[23] Green J. L. Pneumatic breakwaters to protect dredges [J]. Journal of the Waterway and Harbours Division. 1961, 87(ww2):67-87.

[24] Bulson P. S. The theory and design of bubble breakwater[C]. Proceeding of 11th Conference on Coastal Engineering London, 1968. Ⅱ:995-1015.

[25] 王国玉,王永学,李广伟,等. 气幕式防波堤消波性能试验研究[J]. 中国造船, 2004,45(增刊):103-109.